한자의 쓸모

슬기로운 언어생활자를 위한 한자 교양 사전

한자의 쓸모

박수밀 지음

여름의서재

한자에 담긴 우리의 삶과 문화

한자 공부 열기가 뜨거웠던 시절을 뒤로하고 한자 관심이 갈수록 식어가고 있다. 학교 현장에서는 한자 교육이 줄어들고, 한문 과목 선택률도 계속 감소하고 있다. 《한자의 쓸모》는 이 같은 추세 속에서 한자가 '쓸모없는 언어'가 아니라는 점을 들려주려 한다. 대부분 우리 고전 문학과 문화유산은 한자로 쓰였기에 한자는 단순한 표기 수단을 넘어 우리말을 형성하는 뿌리이자 생활 언어의 토대가 된다.

한자는 뜻글자이며 글자와 글자가 만나 단어를 만드는 특성이 있다. 한자어가 60퍼센트 이상인 우리말은 한자의 뜻만 잘 알아도 단어의 의미를 깊게 알 수 있다. 예를 들면 '보다'는 뜻을 갖는 한자 가운데 간看은 보이는 대로 대략 보는 것이고 시視는 하나를 집중에서 들여다보는 글자다. 말을 타고 달리며 산을 본다는 뜻인 '주마간산走馬看山'은 대충 보고 지나가는 것이고 '전방 주시'할 때의 주시注視는 앞쪽을 집중해서 잘 살피는 것임을 알게 된다.

한자를 잘 알면 어휘의 정확한 의미를 파악하고 비슷한

단어들의 미묘한 차이도 구별할 수 있다. 한 집안의 계통과 순서를 나타내는 세世와 대代의 경우 세世는 시조始祖를 출발로 삼아 차례로 내려가는 것이고, 대代는 나를 기준으로 나를 빼고 윗대로 올라가는 것이다. 그러므로 할아버지의 아버지인 증조부는 나의 삼대조三代祖가 되고 나는 증조부의 사세손四世孫이 된다. 곧 "너의 삼대조 할아버지는 〇〇〇이다."라고 쓰거나, "너는 고조부의 〇세손이다."라고 쓰는 것이다.

또 비슷한 뜻으로 착각하기 쉬운 지양止揚과 지향志向은 의미가 완전히 다르다. 지양止揚은 '그치게 해서[止] 위로 올리다[揚].'는 뜻이다. 본래 변증법에서 나온 말로 더 높은 단계로 오르기 위해 부정적이거나 해로운 것을 하지 않는다는 뜻을 지닌다. 반면 지향志向은 '뜻을 두고[志] 향하다[向].'는 뜻으로 어떤 목표나 이상을 향해 앞으로 나아가는 것이다. 그러므로 더 나은 삶은 지양하는 것이 아닌 지향해야 하고 일회용품 사용은 지양해야지 지향해서는 안 된다.

그뿐만 아니라 한자는 확장성을 갖고 있어 하나의 글자를 이해하면 그로부터 파생되는 많은 우리말 어휘의 뜻을 유추할 수 있다. 예컨대 호胡와 당唐은 중국을 가리키는 말임을 이해한다면 당면, 당귀, 호주머니, 호떡, 호두 등은 중국으로부터 들어와 붙인 사물임을 알게 된다. 반면 양洋이 서양을 가리키는 말임을 이해하면 양말, 양파, 양송이 등이 서양으로부디 들어온 사물임을 깨닫게 된다.

한자에는 우리의 삶과 문화가 녹아 있다. 한자라는 통로로 우리 문화에 대한 교양과 상식을 넓히고 우리 삶의 양식과 생활 습관을 들여다볼 수 있다. 그리하여 이 책은 한자의 뿌리와 배경을 살펴 우리말을 올바르게 사용하고 한자어 속에 담긴 뜻을 밝혀 우리 일상과 문화를 깊이 이해하고자 했다.

책은 크게 둘로 나누었다. 1부에서는 우리말의 유래와 기원을 살피고 한 글자의 차이가 주는 어휘의 힘을 이야기했다. 인간에게 족보가 있듯 글자도 그 기원이 되는 뿌리가 있다. 뿌리를 잘 알면 단어를 정확하게 이해하고 언어와 문화의 경계를 넓힐 수 있다. 한자는 글자 하나마다 개별적인 뜻이 있으며 때로는 여러 의미가 있다. 그런 까닭에 한 글자의 다름이 미묘한 차이를 빚고 때로는 천 리의 차이를 만든다. 한자의 유래와 글자의 차이를 잘 배워 어휘력을 키우고 정확하고 바른 언어를 썼으면 한다.

2부에서는 언어의 쓰임새를 우리의 삶과 문화에 연결했다. 한자 자체는 외국어이므로 한자라는 존재 자체로만 보자면 문화적 정체성이 약하다고 할 수 있다. 그러나 선조들은 한자를 문자 체계로 삼아왔기에 우리의 삶과 문화를 담아내려면 한자라는 도구를 이용해야 했다. 그리하여 우리의 결혼

문화, 죽음 문화, 의복 문화에서 김치, 우리 명절, 궁궐, 산과 강, 섬과 고개 등에 이르기까지 우리말에 담긴 한자의 속뜻을 살펴 우리의 정신사와 문화사를 담기 위해 노력했다.

저술을 완성하기까지 폭넓게 자료를 조사하고 공부하여 내용의 충실성을 기했다. 소제목 하나를 쓸 때마다 관련 주제의 책들을 참고하고 때로는 관련 내용이 맞는지 확인하기 위해 전공 학자에게 자문을 얻었다. 수십 권의 자료를 읽은 바탕 위에서 일반 대중을 고려한 내용을 골랐다. 대중 독자를 염두에 두고 썼지만, 글에 담긴 어휘의 양과 질은 결코 녹록하거나 가볍지 않다.

이 책은 기능적 설명에 그치는 기존의 한자 관련 책들의 한계를 넘어, 언어와 인문적 소양의 결합이라는 목표를 이루고자 애썼다. 우리 일상과 생활 문화에서 흔히 사용하는 어휘의 뜻을 살펴 한자가 우리 삶과 문화를 해독하는 상징이며 의미임을 밝히려 했다. 한자의 해설에 그치지 않고 한자가 품고 있는 의미에서 인문적 성찰을 시도했다는 점이 이 책의 장점이다. 모쪼록 이 책을 읽는 독자들이 우리말의 개념어를 정확히 알고 사용하는 슬기로운 언어생활자가 되었으면 좋겠다. 더불어 글자에 담긴 인간의 마음을 들여다보아 나를 돌아보고 삶을 성찰하기를 기대한다.

2024년 늦가을 박수밀 적음

· 차 례 ·

작가의 말 4

1부

한자의
뿌리와 쓰임새

1장 │ 비슷하지만 다른 한자

· '본다는 것'의 차이   16
· 두 개의 이름을 갖는 글자   22
· 안중근 의사義士와 유관순 열사烈士   26
· 직업에서 '사師'와 '사士'의 차이   30
· 조선의 왕들, 조祖와 종宗의 차이   37
· 영혼의 안식처, 집의 다양한 명칭   41
· 어진 자는 산을 좋아한다, 산의 차이   45
· 질疾과 병病의 차이   50
· 비슷하지만 다르게 쓰는 말   54
· 동물의 독특한 특성에서 생긴 말   58
· 상상의 동물에서 나온 말, 낭패狼狽와 유예猶豫   62
· 비난과 비판, 지양과 지향의 차이   66

· 토론과 토의, 분류와 분석의 차이   70
· 같은 음, 다른 뜻을 지닌 말   74
· 양洋과 해海, 만灣의 차이   78

2장 │ 우리말의 뿌리

· 언어도 각자의 사연과 그만의 역사가 있다   86
· 잘못 쓰기 쉬운 우리말   91
· '없다'가 꼭 필요한 말   94
· 본래 의미와 쓰임이 달라진 말   98
· 죄와 벌을 나타내는 말   101
· 첫 단추를 잘 끼워야 하는, 시작   106
· 사물의 쓸모가 만든 한자   112
· 전쟁에서 유래한 말   117
· 머리와 관련한 우리말   121
· 일상에서 쓰는 관용어   126
· 사물의 모양을 본뜬 글자   130
· 순우리말 같지만 한자어   134
· 잘못 알고 쓰는 일본말   137
· 불교에서 유래한 말   141

3장 │ 뜻이 대비되는 한자

· 위와 아래[上下], 사람 위에 사람 없다   148
· 왼쪽과 오른쪽[左右], 새는 좌우의 날개로 난다   153
· 안쪽과 바깥쪽[內外], 안과 밖은 연결되어 있다   157

· 동쪽과 서쪽[東西], 달마는 동쪽으로, 손오공은 서쪽으로 간 까닭   163
· 봄과 가을[春秋], 봄의 설렘과 가을의 잔잔한   168
· 금, 은, 동[金銀銅], 은과 동에도 똑같은 땀의 무게   172
· 길고 짧음[長短], 길고 짧은 것은 대봐야 안다   176
· 출입出入, 나가고 들어가는 지혜   182
· 촌寸, 척尺, 장丈, 어느 것이 더 길까?   185
· 흰색과 검은색[黑白], 옳고 그름을 가리다   188
· 손과 발[手足], 무슨 일이든 손발이 맞아야   193
· 귀와 눈[耳目], 듣는 귀와 보는 눈   197

2부
한자가 들려주는 삶과 문화 이야기

1장 │ 삶의 지혜를 담은 한자

· 친구, 가까이 두고 오래 사귄 사람   206
· 결혼, 만남에서 밀월여행까지   212
· 늙음은 숫자에 있지 않다   218
· 메멘토 모리! 죽음을 기억하라   223
· 짧은 시간을 나타내는 말들   231
· 평생 해야 하는 공부   236
· 과거 시험에서 나온 말   241

· 기氣와 관련된 생활어   245

· 삶의 주인은 나, 스스로 자自 이야기   248

· 뜻도 모르고 쓰는 속담   251

· 세 치의 무기, 혀   254

· 독毒이 되기도, 약藥이 되기도 하는 술   259

· 사람의 개성을 살려주는, 옷   264

· 바둑에서 배우는 인생   269

2장 │ 한자로 배우는 문화 이야기

· 오래된 미래, 역사의 교훈   276

· 우리나라 대표 음식, 김치   282

· 두 번이라서 더 좋은 날, 설날   286

· 날마다 즐기던 음료, 차茶 이야기   290

· 임금이 지내던 집, 궁궐   293

· 물고기에서 유래한 한자   298

· 숫자에 담긴 상징   303

· 자유와 희망의 상징, 새   308

· 백두산에서 한라산까지   312

· 평안과 휴식의 공간, 섬   317

· 몸이 튼튼해야 마음도 즐겁다   321

· 약자를 보호해 주어야 하는 법   325

· 나라를 다스리고 백성을 구제하는, 경제   330

찾아보기 335

도움받은 문헌 342

PART

1

한자의
뿌리와 쓰임새

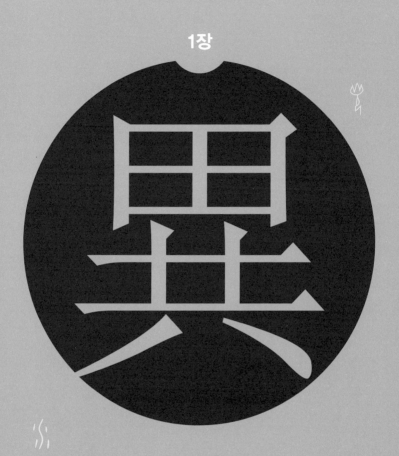

비슷하지만
다른 한자

'본다는 것'의
차이

과연 우리는 세상을 얼마나 올바로 보고 있을까? 제대로 본다는 것은 참 어렵다. 우리는 내가 보는 것이 참되다고 생각하지만, 사실은 믿고 싶은 대로 보는 것일 뿐이다. 게다가 우리는 보고 싶은 것만을 본다. 편견과 선입견이 이로부터 생겨난다. 따라서 제대로 보아야 하며 잘 보아야 한다.

보는 것과 관련된 글자는 퍽 많다. 견見, 간看, 시視, 관觀, 찰察, 성省 등이 모두 '본다.'는 뜻이다. 그렇지만 보는 것에는 다양한 차이가 있다. 먼저 볼 견見은 단순히 보이는 대로 보는 것이다. 견학見學은 눈에 힘주고 보는 것이 아니다. 가볍게 보고 배우는 것이다. 영어의 see에 해당한다. 볼 간看은 눈 목目 자 위에 손 수手 자를 얹은 모양으로, 눈 위에 손을 얹고 대충 훑어보는 것이다. 수박 겉핥기의 뜻인 '주마간산走馬看山'은 달리는 말 위에서 산을 본다는 뜻이다. 말을 타고 가면서 경치를 꼼꼼하게 볼 수가 없다. 쓱 훑어보게 된다. 곧 주마간산은 자세히 살펴보지 않고 급하게 대충 보는 것이다. 간과看過는 대수롭지 않게 대강 보아 넘기는 것을 말한다.

성省, 시視, 관觀은 꼼꼼히 살피는 것이다. 앞서 간看이 영어의 look에 해당한다면 성省, 시視, 관觀은 watch에 해당한다. 살필 성省은 눈[目]을 조그맣게[少] 뜨고 보는 것이다. 꼼꼼히 관찰할 때는 눈을 작게 오므리고 자세히 들여다보게 된다. 성찰省察은 자신의 행위를 자세하고 꼼꼼하게 반성하는 것이다.

시視는 하나를 집중해서 들여다보는 것이다. 텔레비전을 시청視聽할 때는 두리번거리며 보지 않고 주목해서 본다. 주시注視는 어떤 대상에 대해 정신을 하나로 모아 집중해서 잘 살펴보는 것이다. "전방 주시注視"라는 말은 앞쪽을 집중해서 잘 살펴보는 것을 뜻한다. 응시凝視도 있다. 응凝은 '엉기다.'는 뜻이니 응시란 엉겨 붙은 것처럼 한 지점을 뚫어지게 보는 것이다.

관觀은 주의 깊게 보는 것이다. 피상적으로 살피지 않고 이면을 꿰뚫어 본다는 뜻이 담겨 있다. 관찰觀察은 사물의 현상 따위를 주의하여 잘 살펴보는 것인데, 그 이면을 들여다보려고 노력하는 것이다. 관상觀相은 생김새, 즉 인상人相을 보고 그 사람의 운명을 판단하는 것이다. 겉모습을 보는 것이지만 그 이면의 운명을 주의 깊게 꿰뚫어 본다는 뜻이 담겨 있다. 관점觀點, 시점視點이라는 말은 있어도 간점이라는 말은 쓰지 않는다.

본다는 뜻에는 첨瞻과 감瞰도 있다. 첨瞻은 아래에서 위를 올려다보는 것이고, 감瞰은 위에서 아래로 내려다보는 것이다. 경주에는 신라 시대에 하늘을 관찰했던 누대인 첨성대瞻星臺가 있다. 첨성대瞻星臺란 하늘의 별을 보는 곳이란 뜻인데 '첨瞻' 자를 쓴 것은 아래에서 위를 올려다본다는 뜻을 담은 것이다. 조감도鳥瞰圖는 새처럼 굽어본 그림이란 뜻으로 높은 곳에서 아래로 내려다보았을 때의 모양을 그린 그림이나 지도를 말한다. 새가 하늘에서 아래를 내려다보듯이 높은 곳에서 땅 위를 내려다본 모습을 나타낸 것이다.

눈이 어디를 보느냐, 어떻게 보느냐에 따라 우리의 마음과 생각이 달라진다. 어느 한쪽만 보면 한편의 진실만을 믿게 된다. 겉으로 드러난 현상만 보면 감추어진 진실을 놓치기 쉽다. 반달은 반쪽이어서 반달이 아니라 단지 반쪽만 보일 뿐이

어서 반달이다. 보이지 않는 나머지 반쪽을 보는 눈이 있어야
온전한 실체를 알 수 있다. 세계와 사물을 대충대충 간과看
過하지 말고 꼼꼼히 살피는 성찰省察의 눈을 지녀야 한다.

 다시보기

견見 : 단순히 보이는 대로 보는 것
  * 견학見學

간看 : 대충 훑어보는 것
  * 주마간산走馬看山, 간과看過

성省 : 눈을 작게 오므리고 자세히 들여다보는 것
  * 성찰省察

시視 : 하나를 집중해서 들여다보는 것
  * 시청視聽, 주시注視, 응시凝視

관觀 : 주의 깊게 보는 것
  * 관찰觀察, 관상觀相

첨瞻 : 아래에서 위를 올려다보는 것
  * 첨성대瞻星臺

감瞰 : 위에서 아래로 내려다보는 것
  * 조감도鳥瞰圖

어디를 어떻게 보느냐에 따라
우리의 마음과 생각이 달라진다.

두 개의 이름을 갖는
글자

평범한 사람들은 단 하나의 이름을 갖고 있다. 그러나 007
과 같은 비밀 첩보원이나 특수 경찰들은 이름을 여럿 갖고 있
으면서 상황에 따라 다른 이름을 사용한다. 한자도 보통은 이
름(음)이 하나이지만 어떤 글자는 두 개 이상의 이름을 갖고
있다.

'車'의 경우 자동차自動車, 기차汽車 등과 같이 '차'로 발
음하지만, 자전거自轉車처럼 '거'로 발음하기도 한다. 그렇다
면 어떻게 구별할까? 일반적으로는 엔진의 힘으로 움직이는
것에는 '차'라는 음을 쓰고, 사람의 힘으로 움직이는 것에는
'거'를 쓴다. 오늘날 사람을 태워 나르는 기구인 차車는 엔진
의 힘으로 움직인다. 주차駐車, 차선車線, 차표車票, 소방차

消防車, 승차乘車 등이 있다. 반면 인력거人力車, 거마車馬 등 사람의 힘을 이용하는 도구에는 '거'를 붙인다. 과거에는 '거'로 발음하다가 근대 이후 점차 '차'로 읽게 된 정황이 드러난다.

그렇지만 이러한 구분이 절대적인 것은 아니다. 예컨대 차를 멈추는 것을 '停車'라고 한다. '정차'라고 읽기도 하지만 '정거'로 읽기도 한다. '急停車'는 일반적으로 급정거라고 읽지만 급정차로 발음하기도 한다. 반면 '停車場'은 정거장이라고 읽지 정차장이라고 하지는 않는다. 왜 그럴까? 애초에는 停車를 '정거'라고 발음했을 것이다. 그런데 수레를 '차'로 발음하는 일본식 발음의 영향을 받아 車는 점차 '차'로 쓰게 되었다. '停車'의 발음이 두 개인 것은 정거에서 정차로 옮겨 가는 과정에서 완전히 바뀌지 못하고 두 개의 음이 서로 섞여서 쓰이게 된 사정을 보여준다. '停車場'을 정차장이라고 하지 않고 정거장이라고 발음하는 데는 정거장이 더 익숙한 대중의 심리가 반영되어 있을 것이다.

절切도 두 개의 이름을 갖고 있다. 흔히 거리의 포장마차에서 '안주 일절'이라고 쓴 글귀를 보게 된다. 그런데 '안주 일체'라고 쓴 곳도 있다. 두 문구는 어떤 차이가 있는 걸까? 실은 일절一切과 일체一切의 절과 체가 같은 한자라서 빚어진

오해다. 모두 한자로는 '一切'이라고 쓰는데 '切'에 '끊을 절'과 '모두 체'라는 두 가지 음과 뜻이 있는 것이다. 하지만 일절一切이라고 읽을 때의 절切은 '도무지', '전혀'라는 뜻으로 대체로 부정문에서 쓰인다. '그런 짓을 일절 해서는 안 된다.'와 같이 쓴다. 그러니 '안주 일절'이란 안주가 전혀 갖추어져 있지 않다는 뜻이다. 반면 일체一切로 읽을 때의 체切는 '모든 것', '전부'라는 뜻이다. '걱정을 일체 털어버리자.'와 같이 쓴다. 곧 '안주 일체'란 모든 안주가 갖추어져 있다는 뜻이다. 가게 주인이 안주가 전혀 없다고 쓸 리는 없을 터이니 '안주 일체'라고 써야 맞다.

경更이라는 글자에도 '경'과 '갱' 두 개의 이름이 있다. 경으로 읽을 때는 '고치다.'라는 뜻이고 갱으로 읽을 때는 '다시'라는 뜻이다. 경신更新하면 이미 있던 것을 고쳐 새롭게 한다는 뜻이다. 종전의 기록을 깨뜨리고 더 좋은 기록을 낸다는 뜻을 포함한다. 반면 갱신은 다시 새로워지거나, 기존의 내용을 바꾼 사실에 따라 다시 바꾸거나 추가·삭제하는 것을 말한다. 그렇다면 '김연아 선수가 종전의 피겨 기록을 更新했다.'고 할 때는 어떻게 읽어야 할까? 종전에 자신이 갖고 있던 기록을 고쳐 깼다는 뜻이므로 경신이라고 읽어야 한다. '이번에 운전 면허증을 更新했다.'라고 할 때는 어떨까? 갱신이라고 읽어야 한다. 기존의 운전 면허증을 다시 교체하는 것이기 때문이다.

상황에 맞게 이름을 불러야 하는 것은 인간에게만 해당하는 예의는 아니다. 글자도 상황에 맞게 발음을 달리해야 오해가 생기지 않는다. 발음 하나의 차이는 결코 작지 않다.

 다시보기

차車 : 엔진의 힘으로 움직이면 '차', 사람의 힘으로 움직이면 '거'로 읽음
* 자동차自動車, 기차汽車, 주차駐車, 차선車線, 차표車票, 소방차消防車, 승차乘車, 인력거人力車, 거마車馬, 자전거自轉車

일절一切 : 일절로 읽을 때의 절切은 '도무지', '전혀'라는 뜻이고 일체一切로 읽을 때의 체切는 '모든', '전부'라는 의미
* 일절一切 하지 말아라. 안주 일체一切

경更 : '경'으로 읽을 때는 '고치다.'는 뜻이고, '갱'으로 읽을 때는 '다시'라는 의미
* 기록 경신更新, 면허증 갱신更新

안중근 의사義士와
유관순 열사烈士

연암 박지원은 모르는 것이 있으면 길 가는 사람을 붙들고라도 물어봐야 한다고 했다. 자신이 남만 못하다고 부끄럽게 여겨 자신보다 나은 사람에게 묻지 않는다면 평생토록 자신을 변변치 못하고 쓸모없는 인간으로 만들 뿐이다. 물었는데 원하는 대답을 듣지 못했다고 해서 포기하면 안 된다. 그럴 땐 사전을 찾아봐야 한다. 그렇다면 사전辭典을 찾아봐야 할까? 사전事典을 찾아보는 게 좋을까?

사전辭典의 사辭는 말이라는 뜻인데 구체적으로는 어휘를 의미한다. 곧 사전辭典은 어휘를 모아 일정한 순서로 배열한 책이다. 반면 사전事典의 사事는 사물 혹은 사항이란 뜻이다. 사전事典은 여러 가지 사물 혹은 사항 하나하나에 대해 길게 해설한 책이다. 학문, 예술 등 여러 분야에 걸친 인간의 지식을 다 모아놓은 책을 백과사전百科事典이라고 한다. 그러므로 모르는 어휘를 찾고 싶다면 사전辭典을 보아야 하고 교양 지식과 관련한 내용을 알기 원한다면 사전事典을 보아야 한다.

한자를 찾고 싶다면 무엇을 봐야 할까? 이때는 사전이 아닌 자전字典을 봐야 한다. 자전의 자字는 낱낱의 한 글자를 가리킨다. 자전은 한자漢字 하나하나에 대한 음과 뜻, 글자의 어원을 풀이한 책이다. 자전은 옥편玉篇이라고도 부른다. 원래 옥편은 중국의 고야왕이라는 사람이 만든 한자 학습용 책 이름이었다. 그런데 이 책이 워낙 유명해지자 자전의 대명사가 되어 고유명사처럼 굳어지게 되었다. 마치 조미료를 미원이라고 생각하는 것과 같다. 그런데 자전을 살펴보면 단순히 낱글자만 풀이해 놓은 것이 아니라 어휘까지 함께 실어 풀이해 놓고 있다. 그리하여 한자용 자전字典은 사전辭典으로 표기하기도 한다.

이번에는 열사烈士와 의사義士의 차이를 생각해 보자. 나라를 위해 목숨을 바친 인물 가운데 안중근 의사義士, 유관순 열사烈士가 있다. 두 사람은 모두 나라의 독립을 위해 목숨을 바쳤는데 왜 호칭이 다를까? 의사義士와 열사烈士는 모두 나라와 조국을 위해 목숨을 바친 사람이라는 공통점이 있다. 큰일에 성공하면 의사, 실패하면 열사라는 말도 있지만, 일반적으로는 다음과 같이 구별하고 있다. 의사義士는 성패와 관계없이 총이나 칼 등 무기나 무력을 통해 항거하거나 순국한 사람을 말한다. 안중근은 이토 히로부미를 저격하고서 순국했으니 의사다. 일제 강점기에 일본 왕의 생일날 행사장에 폭탄을 던져 일본 상하이 파견군 대장 등을 죽이고 현장에서 체포되어 순국한 윤봉길 의사도 있다.

반면 열사烈士는 직접적인 행동 대신 강력한 항의의 뜻을, 죽음으로써 굳은 의지를 내보인 사람을 말한다. 열烈에는 죽음으로써 자기 뜻을 내보인다는 의미가 담겨 있다. 조선 후기에 이르러 남편이 죽으면 스스로 목숨을 끊는 여성들을 열녀烈女라 불렀다. 네덜란드 헤이그의 특사로 파견되어 독립을 위해 일하다 순국한 이준 열사가 있다. 지사志士도 있는데 죽음과 상관없이 나라와 사회를 위해 일하고자 하는 큰 뜻을 품은 사람을 말한다.

빼앗긴 나라를 되찾기 위해 독립 투쟁을 벌이다 목숨을 바친 순국선열殉國先烈이 있었기에 오늘날 우리는 자유로운 나라에서 평화를 누리며 살아가고 있다. 만해 한용운은 서대문 형무소에서 쓴 「조선독립朝鮮獨立의 서書」에서 다음과 같이 말한다.

"자유自由는 만물의 생명이요 평화平和는 인생의 행복이다. 그러므로 자유가 없는 사람은 죽은 시체와 같고 평화를 잃은 자는 가장 큰 고통을 겪는 사람이다. 압박을 당하는 사람의 주위는 무덤으로 바뀌는 것이며 쟁탈을 일삼는 자의 주위는 지옥이 되는 것이다. 세상의 가장 이상적인 행복의 바탕은 자유와 평화에 있는 것이다."

 다시보기

사전辭典 : 어휘를 모아 일정한 순서로 배열한 책
   ＊ 국어사전國語辭典

사전事典 : 여러 가지 사물 혹은 사항 하나하나에 대해 길게 해설한 책
   ＊ 백과사전百科事典

자전字典 : 한자漢字 하나하나에 대한 음과 뜻, 글자의 어원을 풀이한 책
   ＊ 한자자전漢字字典

의사義士 : 성패와 관계없이 총이나 칼 등 무기나 무력을 통해 항거하거나 순국한 사람
   ＊ 안중근 의사義士, 윤봉길 의사義士

열사烈士 : 직접적인 행동 대신 강력한 항의의 뜻을, 죽음으로써 굳은 의지를 내보인 사람
   ＊ 유관순 열사烈士, 이준 열사烈士

직업에서
'사師'와 '사士'의 차이

직업에 귀천이 있을까? 과거에는 사농공상士農工商, 즉 선비와 농민, 장인(기술자), 상인 순서로 차등이 있었고 같은 양반일지라도 문반文班과 무반武班의 차이가 있었다. 오늘날엔 신분제는 사라졌으며, 모든 인간은 누구나 동일하게 존중받을 권리가 있다는 평등의 정신을 이야기한다. 직업에도 높고 낮음의 구별 의식을 두어서는 안 되며 서로의 직업을 존중해야 한다고 이야기한다. 하지만 직업 안에 담긴 한자를 들여다보면 사람들은 여전히 직업에 대해 귀천 의식이 있다.

의사의 진료를 도우며 환자를 간호하는 사람을 간호사라고 부른다. 간호사는 예전에 간호원看護員으로 불렸다. 그런데 의료법이 개정될 때 간호사看護師로 명칭을 바꾸었다. '원

員'에는 의사의 보조원이라는 의미가 있다고 생각해서 의사醫師와 마찬가지로 끝을 '사師' 자로 바꾼 것이다. 한의사韓醫師라는 명칭도 끝에 사士 자를 써야 한다는 양약계와 사師 자를 써야 한다는 한의학계의 다툼 끝에 사師 자로 쓰게 되었다. 운전사運轉士의 명칭도 본래는 운전수運轉手였다. 손 수手가 육체노동을 하는 천한 직업에 쓰인다는 인식 때문에 사士 자로 바꾸었다.

사람들은 직업을 표기할 때 '사' 자를 선호한다. 결혼 대상자로 '사' 자 들어가는 직업이 가장 인기 있는 것을 보면 '사' 자는 사람들의 선망을 받는 글자임이 틀림없다. 한때 '사' 자가 들어가는 직업인과 결혼하려면 열쇠 세 개는 있어야 한다는 우스갯소리가 유행하던 시절도 있었다.

그런데 곰곰이 살펴보면 '사' 자가 들어간다고 해서 똑같은 이름값을 하는 것이 아니다. 스승 사師를 쓰는 것도 있고 선비 사士를 쓰는 것도 있으며 일 사事를 쓰는 것도 있다. 먼저, 사師가 들어가는 직업을 살펴보자. 의사醫師, 간호사看護師, 목사牧師, 전도사傳道師, 교사敎師 등이 있다. 남을 가르치거나 스승 역할이 필요한 직업에 쓰인다는 사실을 알 수 있다. 사士가 들어가는 직업은 변호사辯護士, 회계사會計士, 영양사營養士 등이 있는데, 전문적인 자격증이 있어야 하는 기술자에 쓰인다. 반면 사事는 사람이 아닌 사건이나 직무와 관련된 직업에 쓰는데 검사檢事, 판사判事, 도지사道知事, 이사理事 등이 있다.

얼핏 사師가 들어가는 직업이 더 높고 좋은 직업처럼 보인다. 실제로 간호사看護師와 달리 간호조무사看護助務士엔 사士를 쓴다. 또 학교나 학원에서 학생들을 가르치는 사람은 강사講師로 표기하지만 단순히 강연회 등에서 청중을 상대로 강의를 하는 사람은 강사講士로 표기한다.

그렇지만 이러한 구별은 절대적이지가 않다. 미용사美容師, 요리사料理師, 이발사理髮師 등은 전문적인 자격증이 필요한 직업이지만 사師를 쓴다. 심지어 도박사賭博師에도 사師를 쓴다. 미용사나 이발사, 도박사 등은 모두 기술을 전수해 주는 스승이 필요한 직업이라고 생각하면 될 듯하다. 반면 회계사, 세무사, 바둑기사, 운전기사 등 사士 자를 쓰는 직업은 개인적인 노력을 해야 하는 직업이다.

그런데 변호사辯護士와 검사檢事, 판사判事는 같은 직종임에도 유독 변호사는 '사士'를 쓰고 검사와 판사는 '사事'를 쓴다. 검사는 검찰사무관檢察事務官의 줄임말이고 판사는 판결사무관判決事務官의 줄임말이라는 것을 알게 되면 사事 자가 들어가는 이유가 분명해진다. 검사란 검찰 사무를 맡은 관리란 뜻이고 판사는 판결 사무를 맡은 관리란 뜻이다. 반면 변호사는 개인 변호를 맡은 사람이다. 또한 검사와 판사는 국가공무원이지만 변호사는 개인 자격증이라는 차이도 있다.

곧 직업 뒤에 사師 자가 들어가면 스승의 의미가 강조되어 남을 가르치거나 가르쳐 이끌어 주는 사람이 필요한 직업군이다. 반면 사士는 대체로 전문가나 전문 자격증이 있어야 하는 직업에 쓴다. 사事는 사람보다는 일에 초점을 맞춘 직업으로 특정 분야의 일을 담당하는 직책에 사용된다. 전문성보다는 직무나 업무의 수행자로서의 의미가 강하다. 이러한 이유로 후대에 직업의 명칭을 바꾸거나 새로 직업을 만드는 글자에는 높은 기술이나 지식을 가진 전문직에 사용되는 사師 자를 선호해 쓴다는 것을 짐작할 수 있다.

사師 자에 집착하는 심리를 이해 못 할 바는 아니지만, 호칭은 단지 명분일 뿐이다. 명분에 집착하면 허위와 허영이 들어온다. 사師 자나 사士 자가 들어갔다고 좋아할 것이 아니라 내가 어느 자리에 서 있든, 그 자리에서 주인의식을 갖고 열심히 살아가는 삶의 자세가 필요한 것이다.

당나라 때의 승려인 임제臨濟는 다음과 같이 말한다. "가는 곳마다 주인이 되라. 서 있는 곳이 모두 참되다[隨處作主立處皆眞]."

가는 곳마다 주인이 되라.
서 있는 곳이 모두 참되다.
[隨處作主 立處皆眞]

다시보기

사師 : 스승의 의미가 강조되어 가르치거나 높은 전문성을 강조하는
　　　직업군

　　　＊ 간호사看護師, 의사醫師, 한의사韓醫師, 목사牧師, 전도사傳道師,
　　　　교사敎師, 강사講師

사士 : 전문가나 전문 자격증을 강조하는 직업

　　　＊ 운전사運轉士, 변호사辯護士, 회계사會計士, 영양사營養士,
　　　　간호조무사看護助務士, 강사講士

사事 : 사람보다는 일에 초점을 맞춰 특정 분야의 직무를 수행하는 직업

　　　＊ 검사檢事, 판사判事, 도지사道知事

조선의 왕들,
조祖와 종宗의 차이

조선의 임금은 총 27명이다. 그 가운데는 나라를 세운 태조太祖를 비롯하여 세종世宗, 중종中宗, 선조宣祖, 정조正祖 등 무수한 왕들이 있다. 그런데 끝자리를 보면 세종처럼 종宗이 붙기도 하고 정조正祖처럼 조祖가 붙기도 한다. 광해군光海君처럼 군君이 붙기도 한다. 그 차이는 무엇일까?

끝에 조祖와 종宗을 붙이는 것은 묘호廟號다. 임금이 살아 있을 때는 이름을 부를 수 없다. 죽은 후에 종묘에 신위神位를 봉안할 때 묘에 이름을 붙이는데 이를 묘호라 한다. 묘호는 임금이 죽고 나면 다음 대의 임금과 신하들이 모여 의논해서 호칭을 결정하였다. 묘호가 정해지면 백성들은 이 호칭으로 왕의 이름을 불렀다.

끝자리에 조祖를 쓸지, 종宗을 쓸지는 기본적인 원칙이 있었다. 본래는 나라를 세운 임금에게는 조를 붙이고 왕위를 계승하고 왕조를 유지한 임금에겐 종宗을 사용했다. 고려를 세운 왕건과 조선을 세운 이성계가 모두 태조太祖라는 묘호를 사용한다. 그런데 본래는 나라를 세운 임금에게 조祖를 붙여야 하지만 조선 시대엔 태조 이성계 외에도 세조世祖, 선조宣祖, 인조仁祖, 영조英祖, 정조正祖, 순조純祖 등 일곱 왕이 조祖를 사용하고 있다. 여기엔 정치적인 동기가 강하게 작용하고 있다.

조선의 일곱 번째 왕인 세조世祖는 기존의 관례를 어긴 첫 임금으로, 앞선 왕이었던 단종이 노산군으로 강등되고 그 뒤에 새로운 왕으로 등극했으니 새로운 왕조를 시작하는 것과 똑같다는 논리를 내세워 세조世祖라는 묘호가 정해졌다. 세조世祖의 세世에는 세종의 정신을 계승했다는 의미도 담겨 있다.

선조宣祖의 경우 본래 묘호는 선종宣宗이었다. 그러나 허균과 이이첨이 임진왜란 때 왜적을 물리치고 나라를 지킨 공을 내세워 선종을 선조로 바꿀 것을 요청하였고 광해군이 이를 받아들여 선조로 높였다. 인조는 선왕이 광해군으로 강등되고 새로운 왕이 되었으니 새로운 왕조를 시작했다는 논리로 정해졌다. 영조와 정조, 순조도 본래 영종, 정종, 순종이었으나 철종이 순종을 순조로 높이고 고종이 직계 혈통인 영종과 정종을 영조와 정조로 높인 것이다. 중종의 장남이었던 인종은 연산군을 쫓아낸 공을 내세워 중종을 중조로 바꾸려고 노력했으나 신하들의 반대로 뜻을 이루지 못했다. 이로 보건대 태조 이성계 외에 조祖가 붙은 임금들은 정치적 목적이 강하게 작용했다는 것을 알 수 있다. 후대 임금이 왕권을 강화하거나 정통성을 강조하기 위해 선대 왕의 묘호를 종에서 조로 높인 것이다.

　왕이 되었으나 묘호를 얻지 못하고 군君이 된 임금이 둘 있다. 연산군燕山君과 광해군光海君이다. 군이라는 명칭은 임금이 세자 시절에 받는 명칭이다. 연산군, 광해군도 세자 시절의 이름이었다. 그런데 이 둘은 왕좌에서 쫓겨난 이들이다. 그래서 왕으로 인정을 받지 못해 종묘에 모시지 않아 묘호를 얻지 못한 것이다. 왕이 되었지만 쫓겨난 임금이었기에 후세가 왕으로 인정하지 않은 것이다. 단종은 본래는 노산군이라는 호칭이었지만 후에 단종으로 복권되었다.

　왕이 살아 있는 동안 자신이 어떤 묘호를 받을지는 알 수가 없다. 죽고 나면 후세가 평가하는데 권력을 지닌 이들의 입장에 따라 정치적 목적이 작용한다. 당사자들과 전혀 정치

적 이해관계가 없는 훗날의 사람들이 더 객관적인 역사적 평
가를 이루어가야 하리라 본다.

 다시보기

조祖 : 나라를 세운 왕

 * 태조太祖 왕건, 태조太祖 이성계

종宗 : 왕위를 계승하고 왕조를 유지한 왕

 * 세종世宗, 중종中宗, 고종高宗

군君 : 반정反正으로 임금 자리에서 쫓겨나 세자 시절의 명칭을 쓰게
된 왕

 * 연산군燕山君, 광해군光海君

영혼의 안식처,
집의 다양한 명칭

우리나라 방방곡곡에는 수많은 문화유적지가 있고 전통 집이 있다. 그런데 누각이나 정자의 이름을 자세히 살펴보면 끝말이 제각기 다양하다. 촉석루, 오죽헌, 백운대, 망향정, 매월당 등 얼핏 건물은 엇비슷해 보이지만 각기 다른 명칭을 갖고 있다. 건물의 쓰임새와 경관, 위치에 따라 그에 맞는 이름이 있다.

당堂은 터를 높게 만들어 지은 큰 집이다. 양옆과 뒤는 막고 앞이 툭 터져 개방되도록 만들었다. 정승의 신분으로 퇴직해서 고향으로 돌아가면 임금이 사용하라고 하사하기도 했다. 당은 숙식할 수 있도록 만들었다. 남 앞에 내세울 만큼 떳떳하고 번듯할 때 '당당堂堂하다.'고 말한다. 그만큼 당은

번듯하고 시원했다. 윤선도의 흔적이 담긴 해남의 녹우당綠
雨堂을 비롯해 소쇄원의 제월당霽月堂, 매월당梅月堂, 독락
당獨樂堂 등이 있다.

누樓는 대 위에 지은 집으로 폭이 좁으면서 가로로 길게
만들었다. 땅에서 사람의 키 높이 정도에 마루를 두었다. 마
루방 형태라고 보면 된다. 창문을 달아 사방을 막기도 하지만
사방을 툭 틔워 시원스레 풍경이 바라다보이도록 했다. 당堂
과 만드는 방식이 비슷하나 높이가 더 높다. 주로 연회를 베
풀거나 손님을 접대하는 용도로 썼다. 논개의 흔적이 서린 촉
석루矗石樓를 비롯하여 죽서루竹西樓, 경회루慶會樓 등이
있다.

재齋는 당堂보다 폐쇄된 조용하고 은밀한 구조의 집이다.
재는 몸가짐을 깨끗이 한다는 뜻이다. 정신을 가다듬고 수양
을 하는 곳인지라 사방이 막히고 남의 눈에 잘 띄지 않는 곳
에 지었다. 주로 사대부들의 독서 공간으로 사용되었다. 다
산 정약용이 강진으로 유배가서 최초로 묵던 사의재四宜齋
를 비롯해 남명 조식의 정신이 담겨 있는 산천재山天齋, 윤
선도의 흔적이 서린 낙서재樂書齋 등이 있다.

헌軒은 높고 활짝 트인 장소에 지어 경치를 바라볼 수 있
도록 한 건물이다. 헌은 본래 높은 관리가 타던 수레인데 마

치 수레에 올라타고 밖을 내다보듯이 지은 집이라는 뜻이다. 대청마루가 있다. 지방 관아의 명칭으로 많이 쓰여 공적인 업무를 하는 데 주로 사용되었다. 보물 475호인 소호헌蘇湖軒, 신사임당의 생가인 오죽헌烏竹軒 등이 있다.

대臺는 흙과 돌을 높게 쌓아 평평하게 만들어 멀리 경치를 바라볼 수 있도록 만든 공간이다. 지붕 없이 난간만 두른 경우가 많다. 백운대白雲臺, 만경대萬景臺, 유선대遊仙臺 등이 있다.

각閣은 사방에 비탈진 지붕이 있고 창문을 냈다. 사찰이나 궁궐에서 흔히 볼 수 있다. 조선 후기엔 정자와 비슷한 개념으로 쓰였다. 소쇄원의 광풍각光風閣을 비롯하여 규장각奎章閣, 임진각臨津閣 등이 있다.

정亭은 일반적으로 정자亭子라고 하는데 길 가던 사람이 잠시 쉬어가라고 만든 곳이다. 손님을 접대하고 학문을 토론하며 풍류를 즐기는 공간으로 활용되었다. 송순의 흔적이 담긴 면앙정俛仰亭을 비롯해 보물 289호인 피향정披香亭과 부용정芙蓉亭, 식영정息影亭 등이 유명하다. 흔히 늙은 몸이 굳세고 건강할 때 '정정亭亭하다.'고 말한다. "할아버지는 아직도 정정하시다."와 같이 쓴다. 정자가 꼿꼿하게 우뚝 솟은 모양을 빗댄 표현이다.

옛사람들은 건물마다 이름을 달리 짓고 수양과 풍류의 장소로 만들었다. 인격과 학문을 닦는 곳이기도 했다. 자신이 사는 집을 자字나 호號로 삼아 자기 정체성으로 삼고, 자기 인품과 똑같이 여겼다. 집은 단순히 먹고 자는 공간이 아니라 내 인격이 만들어지는 공간이자 영혼의 안식처다.

 다시보기

당堂 : 터를 높게 만들어 지은 집
　　　＊ 녹우당綠雨堂, 제월당霽月堂, 매월당梅月堂, 독락당獨樂堂

누樓 : 폭이 좁으면서 가로로 길게 만든 대 위에 지은 집
　　　＊ 촉석루矗石樓, 죽서루竹西樓, 경회루慶會樓

재齋 : 당堂보다 폐쇄된 조용하고 은밀한 구조의 집
　　　＊ 사의재四宜齋, 산천재山天齋, 낙서재樂書齋

각閣 : 사방에 비탈진 지붕이 있고 창문을 낸 공간
　　　＊ 광풍각光風閣, 규장각奎章閣, 임진각臨津閣

헌軒 : 높고 활짝 트인 장소에 지어 경치를 바라볼 수 있도록 한 건물
　　　＊ 소호헌蘇湖軒, 오죽헌烏竹軒

대臺 : 흙과 돌을 높게 쌓아 평평하게 만들어 경치를 바라볼 수 있도록
　　　만든 공간
　　　＊ 백운대白雲臺, 만경대萬景臺, 유선대遊仙臺

정亭 : 길 가던 사람들을 위한 휴게 공간
　　　＊ 피향정披香亭, 부용정芙蓉亭, 식영정息影亭

어진 자는 산을 좋아한다, 산의 차이

공자는 어진 사람은 산을 좋아한다고 했다. 산의 웅장함은 시선을 압도하지만, 결코 자신을 과시하지 않는다. 산은 서두르지 않기에 인간은 산에서 여유를 배운다. 산은 자신의 자리를 지키며 흐르는 시간 속에서 변화를 받아들인다.

우리나라는 산이 참 많다. 국토의 3분의 2가 산으로 둘러싸여 있다. 그런데 산의 이름을 곰곰 떠올려 보면 산 이름 뒤에 붙는 끝 자가 매우 다양하다. 산山을 비롯해 악岳도 있고 봉峰도 있고 대臺도 있다.

북한산, 속리산, 지리산, 금강산, 백두산 등과 같이 대부분 산의 이름은 이름 뒤에 '산' 자를 붙인다. 산山은 여러 개의 산봉우리를 본떠 만든 글자이다. 산봉우리가 낮으면 언덕

[丘]이라고 부르고 수백 미터 이상이면 산[山]이라 부른다. 여러 산봉우리가 연속적으로 이어져 있으면 산맥山脈이라고 한다. 예컨대 우리나라에서 가장 긴 산맥인 태백산맥太白山脈은 북한의 함경남도에서 부산의 다대포까지 하나로 이어진 산줄기다.

바위가 많아 가파르고 험준한 산에는 악岳 자를 붙인다. 악嶽으로 쓰기도 한다. 관악산冠岳山, 설악산雪嶽山, 치악산雉岳山 등이 있다. 이들 산은 주변의 다른 산에 비해 험하고 가파른 것으로 알려져 있다. 도봉산道峯山처럼 봉峯 자가 들어가는 산도 있다. 봉이 들어가는 산은 악岳이 들어가는 산보다 지형이 더 험준하다고 하지만 꼭 그런 것은 아니다. 봉峯은 본래 봉우리란 뜻으로 산의 높이와 관계없이 그 산의 꼭대기를 가리킨다. 산마다 여러 봉우리가 있고, 특히 금강산은 자그마치 일만 이천여 개나 있다. 설악산은 칠천 팔백여 개의 봉우리가 있다. 그중 대표적인 봉우리를 들자면 설악산에는 대청봉大靑峯이 있고 지리산엔 천왕봉天王峯이 있으며 도봉산엔 자운봉紫雲峯이 있다. 대개 그 산에서 가장 높은 봉우리를 가리킨다.

산에는 봉峯뿐만 아니라 대臺도 있다. 봉이 최고의 봉우리를 가리킨다면 대는 사방을 둘러볼 수 있는 바위 꼭대기의 넓고 평평한 곳이다. 순우리말로 너럭바위라고 한다. 북한산에는 백운대白雲臺가 있고 속리산엔 문장대文藏臺가 있다.

산 정상에 올라 굽어보면 일상의 고민이 문득 작아 보일 때가 있다. 자연 앞에서 인간은 그저 작은 존재임을 깨닫게 되고, 삶의 복잡한 문제들도 단순해 보인다. 산은 우리에게 넓은 시야를 제공하며, 세상을 좀 더 높은 곳에서 보는 법을 가르쳐 준다.

 다시보기

악岳 : 바위가 많아 가파르고 험준한 산
　　　＊ 관악산冠岳山, 설악산雪嶽山, 치악산雉岳山

봉峯 : 본래 봉우리란 뜻으로 산의 높이와 관계없이 그 산의 꼭대기
　　　＊ 대청봉大靑峯, 천왕봉天王峯, 자운봉紫雲峯

대臺 : 사방을 둘러볼 수 있는 바위 꼭대기의 넓고 평평한 곳
　　　＊ 백운대白雲臺, 문장대文藏臺

1장 비슷하지만 다른 한자

산은 자신의 자리를 지키며
흐르는 시간 속에서 변화를 받아들인다.

질疾과 병病의 차이

　건강하게 사는 것은 모든 이의 한결같은 소망이다. 하지만 인간은 살면서 각종 질병疾病으로 고통받는다. 병에 걸리지 않고 건강하게 살다가 떠나는 일은 별로 없다. 그렇지만 병에 걸림으로써 비로소 건강의 소중함을 알게 되고 평범한 일상이 얼마나 행복한 일인지를 깨닫게 된다.

　질병과 관련한 글자에는 으레 '병들 녁疒'이란 부수가 들어간다. 녁疒은 아픈 사람[人]이 침대[爿]에 누워 있는 모습을 위로 세워 둔 모습이다. 따라서 녁疒이 들어간 글자는 대체로 질병과 관계있거나 신체의 이상을 나타낸다. 피곤할 피疲와 어리석을 치癡도 병들 녁疒을 부수로 한다. 의학 지식이 전혀 없었던 옛날에는 몸이 피곤하거나 어리석은 행동도 질병의 일종이라고 생각했다.

질疾과 병病은 둘 다 병을 뜻하지만, 기본적으로 차이가 있다. 먼저 병病은 병들 녁疒과 열 병丙으로 이루어져, 몸에 열이 있는 모습을 나타냈다. 몸에 열이 나서 누워 있는 것으로 육체적인 아픔을 나타낸다. 질疾은 녁疒과 화살 시矢로 이루어져 화살처럼 빨리 진행되는 아픔과 관계된다. 치질痔疾, 괴질怪疾 등이 있다. 과거에는 가벼운 아픔은 질疾로 쓰고 더 심하거나 오래된 아픔에는 병病을 썼다.

질병 가운데서도 돌림병, 즉 유행병에는 역疫을 쓴다. 온몸에 붉은 발진이 나는 홍역紅疫이 대표적인 예다. 과거에 홍역은 발병하면 마을의 어린아이들을 죽음에 이르게 하는 치명적인 돌림병이었다. 그래서 아주 감당하기 어려운 일을 겪는 것을 '홍역을 치르다.'라고 한다. 조선 시대엔 전쟁으로 죽은 사람들보다 역병으로 죽은 사람들이 훨씬 더 많았다고 한다. 특히 온역瘟疫으로 불리는 장티푸스는 삽시간에 고열을 일으켜 죽음에 이르는데, 한 사람이 걸려도 순식간에 마을 전체에 퍼져 수많은 사람을 죽음에 이르게 했다. 장티푸스를 '염병'이라고도 불렀다. 그러므로 '염병할'이라는 욕설은 끔찍하고 무시무시한 저주의 말이다. 가끔 구제역口蹄疫이 유행하곤 한다. 구제역은 발가락이 갈라진 동물들의 입[口]이나 발굽[蹄] 주변에 좁쌀과 같은 수포가 생기는 병[疫]이다. 이 병이 무서운 이유는 순식간에 전염되는 역병이기 때문이다.

병이 든 사람이 병자病者다. 그런데 병원에서는 병자라는 말 대신 환자患者라는 표현을 쓴다. 꼭 병이 들어서 온 사람뿐 아니라 각종 사고를 당했거나 마음이 아파서 온 이들도 많기 때문이다. 환患에는 '근심, 아프다'라는 뜻이 있다. 병에 걸려서 아프기보다는 각종 사고나 재난을 당해 육체가 아픈 이들을 뜻한다. 정신적인 근심이나 아픔에는 근심 우憂를 쓴다. 마음이 시름에 싸인 것을 우수憂愁라고 한다. 마음에 걱정이 생긴 것은 우려憂慮다. 쓸데없는 마음의 걱정은 기우杞憂라고 한다.

허준은 『동의보감』에서 '지나치게 근심하면 기운이 막히고 지나치게 슬퍼하면 기운이 약해진다.'고 했다. 근심이 지나치면 병이 생긴다. 하지만 열 가지 근심 가운데 아홉은 실제로 일어나지 않는 일이라고 한다. 일어나지도 않을 미래의 일을 근심하지 말고 지금을 긍정하며 살아가는 태도가 질疾과 병病을 예방하는 길이다.

다시보기

병病 : 몸에 열이 나서 누워 있는 상태이자 육체적인 아픔을 나타내며
오랫동안 앓는 경우에 씀

    ＊ 질병疾病, 병자病者

질疾 : 아픈 것이 화살처럼 빨리 퍼진다는 의미로, 주로 외부의 영향에
의해 생기는 가벼운 아픔

    ＊ 치질痔疾, 괴질怪疾

우憂 : 정신적인 근심이나 아픔

    ＊ 우수憂愁, 우려憂慮, 기우杞憂

비슷하지만
다르게 쓰는 말

"올해 올림픽은 5회回째야!"

"예심이 끝나고 2차次 본선에 진출했다."

횟수나 차례를 나타낼 때 '회回' 혹은 '차次'라는 말을 쓴다. 그런데 두 어휘는 어울려 쓰지 않고 각기 적당한 자리가 있어 보인다. 예컨대 매년 돌아오는 대회라든가 기념회에는 회回를 쓴다. "올해 창작 동요제는 5회回째야.", "13회 초등학교 동문회를 열었다." 등과 같다. 또 "3차 결선이 시작되었다.", "임신 5주차" 등과 같이 차次를 쓰는 상황도 있다. 이들 어휘는 서로 바꿔 쓰면 어색하다.

회回의 경우 횟수를 셀 때 쓰지만, 그 일이 단순하게 반복적으로 되풀이될 때 사용한다. "제자리 뛰기를 9회回 실시한다."라든가 "제5회回 마라톤 대회가 시작되었다."와 같다. 반면 차次는 순차적, 발전적으로 진행할 때 사용한다. 예선, 본선, 결선으로 진행한다든가, 1차, 2차, 3차와 같이 계속 앞으로 진행하는 경우다. "3차 가자."라거나 "3차 결선에 올랐다."와 같이 쓴다. 둘 다 일정하게 정해진 일이어도 상관없고 일정하게 정해지지 않은 일이어도 상관은 없다.

그런데 비슷하게 기期라는 표현도 있다. 예컨대 '공사 18기', '13기 졸업생 동창회' 등에서는 기期를 쓴다. 기는 일정한 기간씩 되풀이되는 일의 하나하나의 과정을 세는 단위다. 기는 정기적인 과정일 경우에만 쓰므로 부정기적인 경우에는 기期를 쓸 수 없다.

또 같은 문이지만 문門을 쓰는 경우가 있고 호戶를 쓰는 경우가 있다. 두 글자의 어원을 보면 호戶는 문이 한 짝인 모습이고 문門은 두 짝의 문을 나타낸다. 곧 호戶는 일반 서민들의 집 마루와 방 사이에 달린 한 짝으로 된 지게문이고, 문門은 양반 사대부들의 문처럼 두 짝으로 된 큰 문이었다. 그리하여 호戶는 일반 서민의 집을 뜻하게 되었고 관청이나 부잣집 같은 큰 문에는 문門을 쓰게 되었다. 서민들의 가구 수와 인구를 살피는 것을 호구戶口 조사라 하고, 일반 가족의 신분을 기록한 것을 호적戶籍이라 한다. 가가호호家家戶戶

는 '집집마다'라는 뜻이다. 반면 동대문東大門, 남대문南大門
과 같이 양쪽으로 여닫는 큰 문에는 문門을 쓴다.

　세世와 대代도 비슷한 듯 보이나 다른 뜻이다. 흔히 족보
에 관해 이야기를 하다 보면 "너는 박혁거세의 60세손世孫이
다."라거나, "너의 3대조代祖 할아버지는 ○○○이다."라는
말을 듣는다. 세世와 대代는 같은 뜻으로 함께 쓰기도 하지
만 엄격하게 말하면 서로 다르다. 대代는 나를 기준으로, 나
를 빼고 윗대로 올라가는 것이고 세世는 시조始祖의 출발이
되는 1세世로 하여 차례로 내려가는 것이다. 곧 세世는 시조
를 중심으로 삼아 차례로 내려가는 것이고 대代는 자신을 기
준으로 삼아 아버지, 할아버지 순으로 위로 올라가는 것이
다. 예컨대 할아버지의 아버지인 증조부는 나의 삼대조三代
祖이며 나는 증조부의 사세손四世孫이다.

다시보기

회回 : 그 일이 단순하게 반복적으로 되풀이될 때 사용
 * 제3회回 마라톤 대회

차次 : 순차적, 발전적으로 진행할 때 사용
 * 3차次 결선 진출

기期 : 일정한 기간씩 되풀이되는 일의 하나하나의 과정을 세는 단위
 * 13기期 동창회

호戶 : 일반 서민들이 사는 한 짝으로 된 지게문
 * 호구戶口 조사

문門 : 양쪽으로 여닫는 큰 문
 * 동대문東大門, 남대문南大門

세世 : 시조始祖를 중심으로 삼아 차례로 내려가는 것
 * 박혁거세의 60세손世孫

대代 : 자신을 기준으로 삼아 윗대로 올라가는 것
 * 3대조代祖 할아버지

동물의
독특한 특성에서 생긴 말

　사람마다 자신만의 독특한 버릇이 있듯이 동물도 각기 고유한 습성이 있다. 연어는 성장하면 반드시 자신이 태어난 강으로 돌아오며, 곰은 겨울에 잠을 잔다. 사람들은 가까이에 있는 동물들의 독특한 습성을 관찰하고 거기에서 새로운 말을 만들어내기도 한다.

　반추反芻는 되새김질하는 동물과 관련 있다. 소니 말, 염소 등은 곧바로 음식물을 삼키지 못하고 다시 입안으로 토하여 잘 씹은 후 다시 삼킨다. 이러한 위를 되새김위라 부르는데 한자로는 반추위反芻胃라 쓴다. 반反은 되돌린다는 뜻이고 추芻는 꼴, 즉 소나 말의 여물을 가리킨다. 곧 반추란 '소나 염소가 여물[芻]을 되올려[反] 씹어서 삼키는 것'을 말한다. 이로부터 어떤 일을 되풀이하여 음미하는 것을 반추라 한다. "그가 남긴 말을 곰곰이 반추해 보았다." 등과 같이 쓴다.

누에는 인간에게 매우 유익한 동물이다. 비단이 입에서 나올 뿐만 아니라 당뇨병에도 효과가 좋다. 그리하여 하늘이 내린 벌레란 뜻으로 천충天蟲이라고 부르기도 한다. 중국과 유럽을 잇는 통로였던 비단길은 대표적 특산품이 비단이라서 붙인 이름이다. 누에는 뽕나무를 먹이로 삼는다. 누에가 뽕나무를 먹는 모습을 살펴보면 아주 재미있다. 조그만 입으로 뽕잎을 야금야금 먹는가 싶더니 어느 사이 순식간에 먹어 치운다. 누에의 이와 같은 특성으로 인해 잠식蠶食이란 말이 생겼다. 잠식蠶食은 직역하면 누에 잠蠶, 먹을 식食, 곧 누에가 뽕잎을 먹는다는 뜻이다. 누에가 뽕잎을 먹듯이 남의 영토를 야금야금 침략해 간다는 뜻이다. 서울의 잠실蠶室은 조선시대에 뽕나무를 재배하고 누에를 치던 지역이라서 붙여진 지명이다.

낭자狼藉란 말은 이리의 특성에서 나왔다. 낭자는 마구 흩어져 어지러운 모양을 가리키는 말이다. "정신없이 놀고 난 자리가 낭자했다." 등과 같이 쓴다. 낭자에서 낭狼은 이리이고 자藉는 풀을 엮어 짠 깔개이다. 곧 낭자란 '이리의 잠자리'란 뜻이다. 이리는 깔고 자는 풀로 장난치는 것을 좋아해서 잠자는 굴을 들여다보면 뒤죽박죽 지저분하다. 그리하여 여기저기 흩어져 어지러울 때 낭자란 표현을 쓰게 되었다.

저격狙擊이란 말은 원숭이와 관련 있다. 저격은 어떤 목표물을 겨냥하여 쏜다는 뜻이다. 저격의 저狙는 긴팔원숭이를 가리킨다. 이 원숭이는 꾀가 매우 많고 교활하여 먹잇감이 있으면 틈을 노렸다가 단번에 후려친다. 곧 저격狙擊이란 '긴팔원숭이가 후려친다.'는 뜻이다. 이 말이 어떤 대상을 노려서 치거나 총을 쏜다는 뜻으로 쓰이게 되었다.

봉기蜂起란 말은 벌의 특성에서 나왔다. "성난 민심이 일제히 봉기했다."와 같이 무언가 한꺼번에 세차게 일어날 때 봉기란 말을 쓴다. 봉기에서 봉蜂은 벌을 뜻한다. 따라서 봉기는 '벌떼처럼 일어난다.'는 뜻이다. 산에 오르다 자칫 벌집을 잘못 건드리는 수가 있다. 그러면 수많은 벌떼가 마구 튀어나온다. '벌집을 쑤신 것 같다.'는 말이 있는데 벌집을 건드렸다간 벌들이 정신없이 앵앵거리며 쏟아져 나온다. 이처럼 봉기는 벌떼가 떼를 지어 날아오르듯, 수많은 사람이 한꺼번에 들고일어나는 상황에서 쓰인다.

꿀벌은 벌집이 위협받는 상황이면 몸 안에 있는 독침으로 상대방을 찌른다. 그러나 침을 한번 쓰게 되면 죽는 경우가 많다. 침을 쏘는 순간 내장의 일부분이 파열되는 것이다. 소중한 집을 지키기 위해 자신의 목숨을 대신 희생하는 것이다.

동물의 생태를 꼼꼼히 관찰하면 인간 세계와 많이 닮았다. 누에가 뽕잎을 갉아 먹고, 나비가 꽃을 채집하고, 개미들이 질서를 갖추고, 벌들의 수많은 집이 고르게 배치된 데는 각자 삶의 이치가 있다. 동물의 삶에는 인간 세계 못지않은 그들 나름의 질서와 방식이 있고 우리가 배울 점이 있다.

 다시보기

반추反芻 : 소나 말 등이 되새김질을 하듯이 어떤 일을 되풀이하여 음미하는 것

잠식蠶食 : 누에가 뽕잎을 먹듯이 점차 조금씩 침략하여 먹어들어간 다는 뜻

낭자狼藉 : 이리의 깔개란 뜻으로 여기저기 흩어져 어지럽다는 뜻

저격狙擊 : 긴팔원숭이가 후려친다는 뜻으로 어떤 목표물을 겨냥하 여 쏜다는 의미

봉기蜂起 : 벌떼처럼 일어난다는 뜻으로 수많은 사람이 한꺼번에 들 고일어나는 상황을 비유

상상의 동물에서 나온 말,
낭패狼狽와 유예猶豫

　고대 신화에는 상상의 동물들이 등장하여 인류의 소망과 믿음을 반영해 왔다. 동양과 서양에서 공통으로 등장하는 상상의 동물이 용龍이다. 용은 동아시아 문화에서 신성함과 제왕帝王을 상징해왔다. 임금의 얼굴은 용안龍顔이라 하고, 임금이 타는 수레는 용어龍馭, 임금이 앉는 의자는 용상龍床이라 불렀다. 조선 시대 악장인 「용비어천가龍飛御天歌」는 '용이 날아서 하늘로 올라가는 노래'란 뜻이다. 여기서 용은 임금을 가리킨다. 용의 턱 아래엔 여의주如意珠가 있다. 뜻대로 되는 구슬이란 뜻이다. 사람이 여의주를 얻으면 온갖 조화를 마음대로 부릴 수 있다고 한다. 손오공이 지니고 다니는 무기인 여의봉如意棒은 뜻대로 되는 지팡이란 뜻이다. 손오공이 자기 뜻대로 늘였다 줄였다 마음대로 쓰며 이동 수단으로도 이용한다. 큰 힘을 발휘하거나 뛰어난 능력을 발휘할 때면 '여의봉을 휘두르다.'라는 표현을 쓴다. 또한 용의 수염은 꼬불꼬불 탄력이 있다. 나선형의 쇠줄을 용수철龍鬚鐵이라고 하는데 용의 수염처럼 생긴 쇠붙이란 뜻이다.

동양과 서양에서 용에 대한 상징은 정반대였다. 동양의 용은 뱀의 몸에 사슴의 뿔과 물고기의 비늘, 새 같은 발톱을 갖고 있다. 하늘을 다스리는 신성한 존재로 지혜와 힘을 상징하며 제왕이나 임금을 상징해 왔다. 비를 내리거나 물을 다스리는 자연의 수호자였으며 사람들을 보호하거나 복을 가져다주는 존재였다. 반면 서양은 날개가 달린 거대한 파충류의 모습이다. 강력한 발톱과 이빨을 갖고 있으며 입안에서 불을 뿜는다. 대체로 파괴적이고 악한 존재로 묘사되며 기독교적 악의 화신으로, 불을 뿜어 마을을 파괴하거나 사람들을 괴롭히곤 했다. 전설 속에서 용을 물리치는 기사는 선과 정의의 상징이었다.

낭패狼狽라는 말도 상상의 동물과 관련 있다. 실패로 돌아가거나 바라던 일을 그르쳤을 때 '이거 참 낭패군.'이라고 말한다. 낭패는 본래 전설상의 이리과 동물이다. 낭狼은 뒷다리가 너무 짧고, 패狽는 앞다리가 매우 짧다. 낭狼은 꾀가 부족하지만 용맹하고 패狽는 영리하지만 겁쟁이다. 낭과 패는 혼자서 다닐 수 없으며 항상 같이 붙어 있어야 다닐 수 있다. 둘이 마음을 합치면 그야말로 찰떡궁합이지만 서로 다투어 떨어지기라도 하면 아무 일도 못 하고 만다. 그리하여 낭패는 바라던 일이 실패로 돌아가거나 기대에 어긋나 딱하게 되었을 때 쓰는 말이 되었다.

유예猶豫라는 말도 상상의 동물에서 나왔다. 결정하지 못하고 망설이거나 시일을 늦추는 것을 유예라 한다. 유猶와 예豫는 각각 전설상의 동물들이다. 유猶는 원숭이의 일종이다. 이 원숭이는 겁이 무척 많아서 먹이를 찾다가 조그마한 소리에도 나무 위로 달아난다. 한참 지나고 나면 다시 내려와 놀다 바스락거리는 소리가 나면 다시 숨기를 반복하다 하루 해를 다 보낸다. 예豫는 몸집이 매우 큰 맘보 코끼리의 일종이다. 이 코끼리는 덩치만 클 뿐 겁쟁이라서 좀체 앞으로 발걸음을 옮기지 못한다. 그리하여 겁이 많아 머뭇거리면서 행동으로 옮기지 못하는 두 동물을 합쳐 유예猶豫란 말이 생겨났다. 유예는 법률 용어로도 사용한다. 형량이 가벼울 때 정상을 참작하여 일정 기간 형의 집행을 미루는 것을 집행유예執行猶豫라 한다.

다시보기

용龍 : 신성함과 제왕帝王을 상징

　　＊ 용안龍顏, 용어龍馭, 용상龍床

여의주如意珠 : 뜻대로 되는 구슬

용수철龍鬚鐵 : 용의 수염처럼 생긴 쇠붙이

낭패狼狽 : 바라던 일이 실패로 돌아가거나 기대에 어긋나 딱하게 됨

유예猶豫 : 결정을 내리지 못하고 망설이거나 시일을 늦추는 것

비난과 비판,
지양과 지향의 차이

좋은 약은 입에는 쓰나 병에 이롭고, 충언은 귀에 거슬리나 행함에는 이롭다는 말이 있다. 건전한 비판은 당장에는 괴롭지만, 자신을 돌아보게 하고 성장의 밑거름이 된다. 하지만 단순히 감정적으로 내뱉는 비난이라면 서로에게 상처를 주고받을 뿐이다. 비판과 비난의 경계는 어디에 있을까?

비판批判의 비批는 옳고 그름을 판정한다는 뜻이다. 곧 비판은 사실의 옳고 그름을 따져 판정하거나 밝히는 것이다. 비판은 논리적이고 이성적으로 따지는 것이다. 칸트 철학에서 비판은 이성의 능력을 검토하는 것이라 보고 있다. 특별히 글을 읽을 때 지은이의 생각을 무조건 받아들이기보다 글의 타당성을 판단하며 비판적으로 읽는 태도가 중요하다.

반면 비난은 감정적으로 대응하는 것이다. 비난非難의 비 非는 '나무라다.'는 뜻이고 난難은 '꾸짖다.'는 뜻이다. 곧 비 난은 남의 잘못이나 결점을 책잡아 나무라고 꾸짖는 것이다. 비판에 이성적이고 논리적인 행위가 들어 있다면 비난은 사 실과 전혀 맞지 않게 감정적으로 무조건 헐뜯는 태도다. 비판 이 더 나은 개선을 목표로 하며 건설적인 피드백을 제공하려 는 의도가 있다면 비난은 문제를 해결하려고 하기보다는 상 대방을 상처 주고 모욕하려는 의도가 강하다.

이와 비슷하게 비평批評이라는 말도 있다. 비평은 좋고 나쁨, 옳고 그름을 견주어 평가한다는 뜻이다. 비평은 비판 이나 비난과 달리 잘못된 점뿐 아니라 좋은 점도 평가해준다. 영화나 예술 작품의 질이나 가치를 비평해 주는 이들을 평론 가評論家라고 부른다.

비판은 필요한 태도이지만 비난은 해서는 안 되는 행위 다. 비판은 성장과 발전을 위한 도구가 되지만 비난은 관계를 망치는 독毒이다. 비난은 헐뜯는 당사자의 내면을 병들게 하 고 상대방에게도 씻을 수 없는 상처를 준다.

지양止揚과 지향志向도 둘 다 특정한 방향이나 목표와 관 련된다는 점에서 얼핏 비슷해 보이지만 차이가 크다. '건강을 위해 과식을 지양하자.'라고 할 때가 있는데 이는 잘못된 말이다. 지양은 단순히 그만두거나 거부하는 것이 아니라 헤겔의 변증법에서 나온 철학 용어다. '그치게 해서 위로 올리다.'라는 뜻인데 대립하는 두 개념이 있을 때 둘을 한층 더 높은 차원에서 긍정적으로 살려 나가는 것을 말한다. '극좌와 극우를 지양하자.'와 같이 쓴다. 오늘날엔 주로 더 높은 단계로 오르기 위해 어떠한 것을 하지 않는다는 의미로 쓴다. '이기적인 행동을 지양하고 남을 돕는 사람이 되자.'와 같이 쓴다. 하지 말아야 할 것은 '이기적인 행동'이고 더 높은 단계로 올라야 할 것은 '남을 돕는 사람'이다.

지향志向은 '뜻을 두고 향하다.'라는 뜻이다. 생각이나 뜻이 어떤 목표를 향해 나아가는 것이다. 지양止揚이 대립하는 주장을 멈추어 더 좋은 방향으로 나아가는 복합적인 변화라면 지향指向은 목표를 향해 단선적으로 앞으로 죽 나아가는 것이다. 예컨대 '복지사회를 지향하자.'와 같이 쓴다. 인간에 대한 무조건적인 차별과 혐오를 지양하고 상호 이해와 존중의 길을 지향하자.

다시보기

비판批判 : 옳고 그름을 논리적으로 따져 판정하거나 밝히는 것

비난非難 : 남의 잘못이나 결점을 감정적으로 나무라고 꾸짖는 것

비평批評 : 옳고 그름, 좋고 나쁨을 견주어 평가하는 것

지양止揚 : '그치게 해서 올리게 하다.'는 뜻으로 대립과 모순을 반대
　　　　하고 한층 더 높은 차원에서 살려 나감

　　＊ 극좌와 극우를 지양하자

지향志向 : 목표를 향해 뜻을 두고 앞으로 죽 나감

　　＊ 지속 가능한 발전을 지향하다

토론과 토의,
분류와 분석의 차이

 텔레비전 대담 프로그램이나 토론 프로그램을 보면 어떤 주제에 대해 서로 격렬하게 다투는 장면들이 보인다. 상대방의 말을 듣기도 전에 무조건 자기의 주장만 내세우거나 논리는 없이 목소리만 높이곤 한다. 상대방의 의견을 경청하고 존중하는 성숙함이 부족하다는 느낌을 지울 수 없다. 그런데 어떤 경우는 하나의 주제에 대해 찬반으로 나누어 진행되기도 하고 어떤 경우는 특정한 주제에 대해 찬반 없이 해결 방안 등을 이야기하기도 한다. 그 차이는 토론과 토의에 있다.

 토론討論은 어떤 문제에 대해 상대방의 의견을 공격하며 의견을 말한다는 뜻이다. 토討는 치다, 공격한다는 뜻이고 논論은 논의한다는 뜻이다. 토론에서는 어떤 문제를 두고,

찬성과 반대의 의견을 가진 사람들이 자신의 의견을 논리적으로 주장하고 상대방의 주장을 공격하면서, 각자 자신의 주장이 옳다는 것을 보여주려 한다. 예컨대 '초등학생 스마트폰 사용이 바람직한가?'와 같이 그 주제가 찬성과 반대편이 서로 대립할 수 있어야 한다. 이때 감정적으로 말하지 않고 논리적으로 설득하는 태도가 중요하다. 자기 의견만 내세우고 상대방 주장을 무시하면 소통은 단절되고 갈등과 대립만 커진다.

반면 토의討議는 어떤 문제에 대해 검토하고 의논한다는 뜻이다. 토討는 앞서 토론에서의 뜻과 달리 검토한다는 뜻이고, 의議는 의논한다는 의미다. 토의는 어떤 공통된 문제에 관심이 있는 사람들이 모여 가장 좋은 해답을 얻으려고 한다. 토의의 목적은 참가자들의 협력을 통해 공동의 목표나 문제 해결책을 찾는 데 있으므로 상대방의 주장을 반박하거나 격렬한 논쟁을 벌이기보다는 각각의 의견을 모아 최선의 결론을 이끌려는 성격을 갖는다. 포럼(forum)이나 패널(panel), 심포지엄(symposium)이 모두 토의에 속한다.

토론은 자기의 주장을 내세워 상대편을 설득시키거나 문제점을 발견하는 데 목적이 있으며 꼭 결론을 이끌어야 하는 건 아니다. 반면 토의는 한 가지 주제에 대해 어떤 결론이나 해결점을 찾는 데 목적이 있다. 토론이 경쟁적이라면, 토의는 협동을 요구한다고 하겠다.

분석分析과 분류分類의 차이도 잘 알아둘 필요가 있다. 분류分類는 나눌 분分, 종류 류類, 곧 종류에 따라서 나눈다는 뜻이다. 여러 사물을 일정한 기준으로 묶거나 나누어 틀을 만드는 방법이다. 예를 들어 필기구라는 사물을 분류의 방법을 사용하면, 기능에 따라 종류별로 묶어 연필과 볼펜, 만년필로 나눌 수가 있다. 학교를 초등학교, 중학교, 고등학교, 대학교로 나누는 것도 분류의 한 방식이다. 올바른 분류를 하기 위해서는 반드시 일정한 기준이 있어야 한다. 대상이 같더라도 분류 기준에 따라 다르게 분류될 수 있으므로 일정한 기준을 마련하는 것이 중요하다.

반면 분석分析은 나눌 분分, 쪼갤 석析이니, 곧 쪼개어 나눈다는 뜻이다. 분석은 어떤 사물을 이루고 있는 각 성분 요소를 쪼개어 갈라내는 일이다. 예를 들어 벽돌을 분석의 방법으로 살펴보면, 벽돌이란 사물을 구성하는 요소인 시멘트와 자갈, 모래로 나눌 수 있다. 분류는 수많은 사물을 비슷한 사물끼리 종류별로 묶어주는 데 반해 분석은 하나의 사물을 차이점에 따라 부분으로 나눈다. 분류는 둘 이상의 사물을 대상으로 하며 분석은 하나의 사물을 대상으로 삼는다.

또 분류는 공통적인 특성에 의해 작은 항목을 큰 항목으로 묶어 설명하는 방법이지만, 분석은 사물의 구조를 그 성분에 따라 전체에서 부분으로 나누어 밝혀 설명하는 방법이다. 분류가 대상을 체계적으로 정리하는 데 목적을 둔다면 분석은 대상을 깊이 이해하고 설명하는 데 목적이 있다.

 다시보기

토론討論 : 서로 다른 논제에 대해 상대방의 의견을 공격하며 의견을 말하는 일

토의討議 : 어떤 공통의 문제에 대해 검토하고 의논하는 것

분류分類 : 종류에 따라서 나눈다는 뜻으로 여러 사물을 일정한 기준으로 묶거나 나누어 틀을 만드는 것

분석分析 : 쪼개어 나눈다는 뜻으로 어떤 사물을 이루고 있는 각 성분 요소를 쪼개어 갈라내는 일

같은 음,
다른 뜻을 지닌 말

대학교에는 국문학과國文學科, 물리학과物理學科, 전자공학과電子工學科 등 많은 학과學科가 있다. 회사나 관공서에도 총무과總務課, 경리과經理課, 기획과企劃課 등 많은 업무부서가 있다. 똑같이 '과'를 쓰고 있지만, 전자는 과科를 쓰고 후자는 과課를 쓴다. 왜 그럴까?

과科는 곡식[禾]을 말[斗]로 헤아려 측정한다는 의미에서 나온 글자다. 일정한 도구로 측정해서 조목별로 나누어 분류하는 것이다.

곧 어떤 대상을 일정한 기준에 따라 나누고 분류하는 것이다. 예컨대 인문학의 경우 수많은 학생을 한데서 가르칠 수 없으므로 언어의 성격에 따라 국문학과國文學科, 영문학과

英文學科, 중문학과中文學科 등으로 나누는 것이다. 병원에 서도 외과外科, 내과內科, 안과眼科 등 과科를 쓴다. 사람의 병을 각기 성격에 따라 나누어 분류한 것이다.

반면 과課는 일의 종류나 내용을 중심으로 나누는 것이 다. 예컨대 총무과總務課는 그 조직의 전체적인 일을 관리하 는 부서이고 경리과經理課는 돈과 관련한 일을 맡은 부서다. 기획과企劃課는 일정이나 행사를 계획하는 일을 맡은 부서 다. 쉽게 말해 과科는 '과목이나 조목'이라는 뜻이지만 과課 는 '일'이라는 뜻이 있다. 혹여 '과장'이라는 호칭만 알 경우, 科長(과장)이라고 쓰면 대학교나 병원에서 근무하는 책임자이 고 課長(과장)이라고 쓰면 회사나 관청에서 근무하는 책임자 라고 생각하면 되겠다.

과課는 동사로 '매기다, 부과하다.'라는 뜻도 있다. 세금을 부과하는 일은 과세課稅고 성적이나 능력을 살피고 매기는 일을 고과考課라고 한다.

계界와 계系, 계係의 차이도 유의해야 한다. 언론계言論 界, 교육계教育界의 경우 계界를 쓰지만 인문계人文系, 예 체능계藝體能系 할 때는 계系를 쓴다. 반면 총무계總務係, 인사계人事係에는 계係를 쓴다. 어떤 차이가 있는 걸까?

계界는 '경계, 세계'라는 뜻이 있는데 어떤 분야나 사회를 한데 묶어서 부를 때 쓴다. 예컨대 '문화계 인사들이 모두 모였다.'고 할 때의 문화계文化界는 문화와 관련한 모든 분야를 말한다. 출판계出版界는 출판의 일에 관련된 분야를 말하고 언론계言論界는 언론 분야에 종사하는 사람들의 사회를 말한다.

계系는 여럿이 하나로 묶이는 모양을 어원으로 하여 계통이나 체계와 관련된다. 전체 중 일부분으로서의 조직이나 계통을 말한다. 예컨대 의학용어인 신경계神經系는 신경을 구성하는 계통의 기관이며 호흡기계呼吸器系는 호흡을 관장하는 기관의 계통을 말한다. 인문계人文系는 언어, 역사, 철학 등 인문학을 연구하는 학문 계통이다. 모계母系는 어머니 쪽의 혈연 계통이다.

반면 계係는 사람 인人을 부수로 하는 데서 알 수 있듯이 사람들의 모임이나 집합체라는 뜻을 가진다. 사람들끼리의 관계와 관련 있다고 보면 된다. 관공서나 회사에 흔히 있는 인사계人事係는 임명이나 해임 등의 일을 맡아보는 부서나 사람을 말한다. 만약 인사계人事界라고 쓴다면 사람이 사는 세계라는 뜻이 된다. 경리계經理係는 재산 관리나 급여 지급과 관련된 일을 맡아 하는 부서나 사람이다. 이러한 각 계係의 책임자를 계장係長이라고 부른다. 병원과 같은 곳은 병의 계통을 이름으로 쓰므로 系를 쓰지만, 관공서나 회사는 인간 사이의 조직 관계와 관련되므로 주로 係를 사용한다.

 다시보기

과科 : 어떤 대상을 일정한 기준에 따라 나누고 분류하는 것
  ＊ 국문학과國文學科, 외과外科, 내과內科, 안과眼科

과課 : 일의 종류나 내용을 중심으로 나누는 것
  ＊ 총무과總務課, 경리과經理課, 기획과企劃課

계界 : 어떤 분야나 사회를 한데 묶은 것
  ＊ 언론계言論界, 교육계敎育界

계系 : 전체 중 일부분으로서의 조직이나 계통
  ＊ 신경계神經系, 호흡기계呼吸器系, 인문계人文系, 예체능계藝體能系

계係 : 사람들의 모임이나 집합체
  ＊ 총무계總務係, 인사계人事係

1장 비슷하지만 다른 한자

양洋과 해海, 만灣의 차이

지구는 3분의 2가 바다로 둘러싸여 있다. 바다는 생명체의 고향이자 풍부한 자원이 있는 보물 창고다. 바다는 육지보다 훨씬 넓고 에베레스트산의 높이보다 훨씬 깊다.

바다를 뜻하는 해양海洋의 해와 양은 둘 다 바다란 의미다. 그런데 동해, 홍해와 같이 해海를 쓸 때가 있고 태평양太平洋, 대서양大西洋과 같이 양洋을 쓸 때가 있다. 똑같은 바다인데 왜 달리 쓸까?

해海는 육지와 붙어 있거나 육지와 가까운 바다에 쓴다. 우리나라의 동해, 서해, 남해를 비롯해 외국에는 흑해, 홍해, 사해 등이 있다. 검은 바다라는 뜻의 흑해黑海는 러시아, 우크라이나, 터키, 루마니아 등 사방이 여러 나라로 둘러싸여 있다. 붉은빛을 띠는 홍해紅海는 아프리카 대륙과 아라비아 반도 사이에 좁고 길게 만들어진 곳이다. 염분이 너무 높아 물고기가 살지 못해 죽은 바다라 불리는 사해死海는 이스라엘과 요르단에 걸쳐 있다.

그 가운데 두 개 이상의 대륙에 둘러싸인 바다는 지중해地中海라고 부른다. 지중해地中海는 '땅 한가운데 있는 바다'란 뜻이다. 유럽 지중해와 아메리카 지중해 등이 있다. 지중해의 영어 이름인 Mediterranean Sea에서 Mediterranean의 어원은 '지구의 한가운데'란 뜻이다.

반면 양洋은 육지와 멀리 떨어진 바다에 쓴다. 전 세계적으로 5개의 대양이 있는데 태평양, 인도양, 대서양, 북빙양, 남빙양이 있다.

그리하여 육지에 가까운 바다에서 고기잡이하는 배를 근해어선近海漁船이라 하고, 육지와 멀리 떨어진 바다에서 고기잡이하는 배는 원양어선遠洋漁船이라고 하는 것이다. 일반적으로 해海는 규모가 작은 바다이며, 양洋은 규모가 큰 바다다. 북빙양, 남빙양은 흔히 북극해, 남극해라고 부르는데 다른 대양에 비해 규모가 작을뿐더러 육지나 얼음과 붙어 있기 때문이다. 그렇지만 둘은 대양으로 분류하고 있다.

해海와 양洋은 영어에서도 구별해 쓴다. 해海가 붙은 바다는 Sea로 쓰고 양洋이 붙은 바다는 Ocean으로 구별해서 쓴다. 예컨대 동해는 East Sea라 쓰고, 카리브해는 Caribbean Sea라 쓴다. 반면 태평양은 Pacific Ocean, 남빙양은 Arctic Ocean으로 표기한다.

한편 멕시코만, 알래스카만처럼 만灣이라는 명칭도 있다. 만灣은 물굽이라는 뜻으로 바다가 육지 쪽으로 오목하게 들어온 형태를 말한다. 바다가 육지에 둘러싸여 있으므로 물결이 잔잔해 항만港灣이 발달해 있다. 항만은 항구와 만을 결합한 개념으로 배가 안전하게 드나들거나 머무르고 물자를 싣거나 내릴 수 있는 시설을 갖춘 장소를 말한다. 우리나라엔 영일만, 광양만, 진해만, 속초만 등이 있다.

바다가 육지 사이에 끼어 좁고 긴 길목을 만든 것은 해협海峽이라고 부른다. 협峽은 산을 양옆에 낀 곳을 뜻하니 해협은 바다 샛길이란 뜻이다. 임진왜란 때 이순신 장군이 일본을 격파하고 큰 승리를 거둔 곳이 전라남도 화원반도와 진도 사이에 있는 명량해협이다. 우리나라와 일본의 규슈 사이에는 대한해협이 있다.

바다는 수산 자원의 중요한 원천이자 풍부한 에너지 자원을 간직한 곳이다. 바다는 지구 생태계의 중요한 부분으로 기후 조절에 중요한 역할을 하며 산소 공급의 절반을 담당한다.

깊은 미지의 공간은 인간에게 무한한 상상력과 동경을 자극하고, 무한한 드넓음과 끝없는 파도는 인간의 존재를 돌아보게 한다. 인간의 발길이 끝나는 곳에는 바다가 있다.

 다시보기

해海 : 육지와 붙어 있거나 육지와 가까운 바다

  * 흑해黑海, 홍해紅海, 지중해地中海

양洋 : 육지와 멀리 떨어진 바다

  * 원양어선遠洋漁船, 태평양太平洋, 대서양大西洋

만灣 : 물굽이라는 뜻으로 바다가 육지 쪽으로 오목하게 들어온 형태

  * 멕시코만, 영일만, 진해만

무한한 드넓음과 끝없는 파도는 인간의
존재를 돌아보게 한다.
인간의 발길이 끝나는 곳에는
바다가 있다.

2장

우리말의
뿌리

언어도 각자의 사연과
그만의 역사가 있다

인류 역사에는 기원이 되는 뿌리가 있다. 뿌리를 잃은 민족은 시련이 닥쳤을 때 이리저리 흔들리다 사라지는 사례를 흔히 본다. 뿌리를 잘 보전하면 오래 생존할 수 있고 긍지와 정체성을 흔들림 없이 간직할 수가 있다. 그런데 인간의 역사뿐만 아니라 언어도 그 이름을 짓게 된 뿌리가 있다. 말의 뿌리를 추적해 보면 그 의미를 쉽게 이해하게 되고 그 언어를 사용하는 사회의 문화적 배경을 잘 알게 된다. 특히 우리말에는 그 기원이 고유어인 것 같은데 알고 보면 한자에서 비롯된 어휘들이 참 많다.

겨울철 신나는 놀이 기구 가운데 '썰매'가 있다. 썰매는 고유어 같지만 실은 설마雪馬가 변한 말이다. 눈 위를 달리는 말이란 뜻이다. 쇠꼬챙이를 힘껏 박차면 앞으로 내달리는 모습에서 말의 역할을 떠올린 것이다. 설마雪馬는 단순히 썰매의 한자 표기에 불과하다고 보는 견해도 있지만, 고전 문헌을 살피면 썰매는 설마雪馬에서 유래했다. 이익의 『성호사설星湖僿說』, 「설마雪馬」 항목에는 북쪽 변방에서는 겨울철에 사냥꾼들이 설마를 이용한다고 하면서 평지에서 다닐 때는 막대기로 땅바닥을 찌르면서 달리는데 마치 물을 떠나가는 배와 같다고 기록하고 있다. 계곡谿谷 장유張維의 시에서는 설마는 나무로 만들었는데 위는 평평한 평상이고 아래는 배 모양으로 만들어 사람을 태우고 얼음 위를 달린다고 하면서, 민간에서는 썰매라고 부른다고 적었다.

'흐지부지'라는 말도 얼핏 순우리말 같지만 한자에서 유래했다. 흐지부지는 일을 확실하게 처리하지 않고 흐리멍덩하게 넘기려는 모양이다. 흔히 "흐지부지 넘어갈 생각하지 마라."와 같이 쓴다. 흐지부지는 휘지비지諱之秘之가 변한 것이다. 휘諱는 피한다는 뜻이고 비秘는 숨긴다는 뜻이니 휘지비지는 꺼리고 숨긴다는 뜻이다. 일을 분명하게 끝맺지 않고 어물쩍 피하고 감추는 태도를 말한다. 이 말이 흐지부지로 바뀌었다.

여러 가지 자질구레한 물건이 한데 뒤섞인 모양을 '잡동사니'라 한다. 이 말은 조선 후기 실학자인 안정복이 쓴『잡동산이雜同散異』에서 유래했다.『잡동산이』는 한국과 중국의 역사, 제도 및 유교 경전, 지리, 경제 등 각종 분야의 글을 추려 모으고, 이것저것 잡다한 지식을 수록한 책이다.『잡동산이』는 총 53책으로 이루어져 있는데 항목이 두서가 없고 내용의 구분도 뒤섞여 있다. 이 같은『잡동산이』의 성격에서 잡동사니란 말이 나온 것이다. "쓸데없는 잡동사니는 다 버리고 깨끗한 물건만 남겨라." 등과 같이 쓴다.

어떤 일에 익숙하지 못하거나 잘하지 못할 때 '젬병'이라고 한다. "나는 국어를 잘하지만 수학은 젬병이야."라고 말하면 수학에 매우 서툴다는 뜻이다. 젬병도 순우리말 같지만 한자어에서 나왔다. 젬병은 전병煎餅이라 불리는 떡 이름이 바뀐 말이다. 전병은 찹쌀가루나 수수가루 따위를 반죽해서 속에 팥을 넣어 부친 떡이다. 순우리말로 부꾸미라고 부른다. 전병은 잠시 내버려 두어도 기름을 빨아들여 부피가 줄고 눅눅해져 떡 모양이 형편없이 되고 만다. 이로 인해 형편없어진 모양이나 일에 소질이 없는 경우에 '전병煎餅 같다.'라고 했는데, 전병을 강하게 발음하고 사투리가 섞여 젬병으로 바뀌었다.

동네에서 아이들이 모여 숨은 아이들을 찾아내는 술래잡

기의 숨래는 순라巡邏에서 유래했다. 『해동죽지海東竹枝』에 "옛 풍습에 통행금지를 알리는 인경 종이 울린 뒤 나졸을 풀어 통금을 어긴 사람을 잡았다. 아이들이 이를 흉내 내어 놀이했는데 이를 순라잡기라고 한다."라고 기록하고 있다. 이 순라잡기가 술래잡기로 바뀌었다. 순라巡邏는 예전에 도둑이나 화재 등을 경계하기 위해 궁중과 도성 안팎을 순찰하는 군대였다. 이를 순라군巡邏軍이라고 했는데 거기에 소속된 군졸을 순라巡邏라고 했다. 순巡은 돈다는 뜻이고 라邏는 순행한다는 뜻이니 순라는 순찰한다는 뜻이다. 또는 순경巡更이라고도 했다. 순라가 술라로 발음되고 다시 지금의 술래가 되었다.

'을씨년스럽다.'는 말은 을사조약이라는 역사적 사건에서 유래했다. 을사조약乙巳條約은 1905년 을사년에 일본이 우리나라의 외교권을 빼앗기 위해 강제적으로 맺은 조약이다. 그 핵심 내용은 우리나라가 맺는 모든 조약이나 협정을 일본이 대신 맺어준다는 것이다. 우리나라 백성들로서는 굉장히 분하고 억울한 날이었다. 그리하여 분위기나 기운이 몹시 어둡고 쓸쓸할 때 '을사년스럽다.'는 말을 쓰게 되었다. 이 을사년乙巳年이 '을씨년'으로 바뀌어 뭔가 싸늘하고 스산한 기운이 돌면 '을씨년스럽다.'고 하는 것이다. "쌀쌀한 가을바람이 참 을씨년스럽군."과 같이 쓴다.

단어의 뿌리를 찾다 보면 언어도 각자의 사연과 그만의 역사를 갖고 있다. 어떤 글자는 전혀 새롭게 탈바꿈했고 어떤 글자는 슬픈 역사를 간직하고 있다. 언어는 단순한 기호가 아니다. 인간과 마찬가지로 그만의 인생을 갖고 있다.

 다시보기

썰매 : 눈 위를 달리는 말이란 뜻의 설마雪馬에서 유래

호지부지 : 어떤 일을 어물쩍 피하고 감추는 태도인 휘지비지諱之秘之에서 유래

잡동사니 : 잡다한 지식을 수록한 책인 『잡동산이雜同散異』에서 유래

젬병 : 잠시만 두어도 볼품없어지는 전병煎餅에서 유래

술래 : 도성을 순찰하던 순라巡邏에서 유래

을씨년스럽다 : 을사조약을 맺었던 을사년乙巳年에서 유래

잘못 쓰기 쉬운
우리말

'아' 다르고 '어' 다르다는 말이 있다. 말은 아주 작은 차이로도 다른 뜻과 느낌을 준다. 정확한 표현과 언어를 써야 오해를 받지 않을뿐더러 바른 언어생활을 할 수 있다. 하지만 우리가 무심코 사용하는 말에는 잘못된 표현이 많다.

어떤 일이 알아볼 수 없을 정도로 망가졌을 때 '풍지박살 났다.'고 말한다. 하지만 풍지박살이란 말은 없다. 풍비박산 風飛雹散이라고 해야 맞다. 풍비風飛는 바람에 날린다는 뜻이고 박산雹散은 우박이 흩어진다는 뜻이다. 곧 풍비박산은 바람에 날려 우박이 흩어진다는 뜻이다. 산산이 부서져 사방으로 날아가거나 흩어지는 상황을 비유한 표현이다. '태풍으로 온 나라가 풍비박산 났다.'와 같이 쓴다.

"그 사람은 나와 동거동락하던 사이야."라고 말할 때가 있다. 동거동락은 동고동락同苦同樂으로 바꾸어 써야 한다. 동고同苦는 괴로움을 같이 한다는 뜻이고 동락同樂은 즐거움을 같이 한다는 뜻이다. 동고동락은 괴로울 때나 즐거울 때나 항상 함께하는 친한 사이를 말한다. 즐거울 때 함께해 주는 것도 좋지만 슬프거나 괴로운 일에 함께해 주는 사람이야말로 평생을 함께해도 좋은 사람이다.

성대모사聲帶模寫도 흔히 잘못 쓰기 쉬운 말이다. 남의 목소리나 사물의 소리를 똑같이 흉내 내는 사람이 있다. 그런 사람을 두고 성대모사를 기막히게 잘한다고 칭찬한다. 성대聲帶는 목구멍의 중앙에서 있는 소리를 내는 기관이다. 모사模寫는 원본을 똑같이 베낀다는 뜻으로 무엇을 흉내 내어 그대로 나타내는 것이다. 그런데 이를 '성대묘사'라 하는 경우가 있다. 묘사描寫는 어떤 대상을 있는 그대로 그려낸다는 뜻이다. 예컨대 '그 그림은 자연을 잘 묘사했다.'와 같이 쓴다. 성대묘사가 아니라 성대모사라 해야 옳다.

아주 위태로운 상황에서는 "절대절명의 위험한 순간이다."라는 말을 쓰기도 한다. 절대절명은 절체절명絶體絶命으로 써야 한다. 절체絶體는 몸이 끊어진다는 뜻이고 절명絶命은 목숨이 끊어진다는 뜻이다. 곧 절체절명은 몸도 목숨도 다

끊어지게 되었다는 뜻으로 궁지에 몰려 살아날 길이 없게 된 막다른 처지를 가리킨다.

혈혈단신子子單身을 홀홀단신으로 잘못 쓰는 경우도 있다. 의지할 곳 없는 외로운 처지가 되었을 때 '그는 가족을 두고 홀홀단신으로 멀리 떠났다.'고 말한다. 그런데 '홀홀'이란 가볍게 날리는 모양을 나타내는 말이다. '혼자'라는 말을 떠올려 '홀홀'이라 생각하는 듯한데, '혈혈'이라고 해야 한다. 혈혈子子의 혈子은 외롭다는 뜻으로 의지할 곳 없이 외롭다는 말이다. 단신單身은 홀로된 몸이다. 곧 혈혈단신子子單身은 의지할 곳 없이 외로운 홀몸 신세를 가리키는 말이다.

 다시보기

풍지박살(×) 풍비박산風飛雹散
동거동락(×) 동고동락同苦同樂
성대묘사(×) 성대모사聲帶模寫
절대절명(×) 절체절명絕體絕命
홀홀단신(×) 혈혈단신子子單身

'없다'가
꼭 필요한 말

이 세상에는 꼭 있어야만 하는 존재가 있고, 있어도 좋고 없어도 그만인 존재가 있다. 본래부터 없어야 좋은 존재는 없다. 하지만 언어 가운데는 '없다.'는 말을 꼭 붙여야만 하는 어휘가 있다.

조금도 틀리지 아니하고 꼭 들어맞을 때 '영락없다.'고 한다. "네 몰골이 영락없는 거지꼴이구나." 여기서 '영락없다.'는 다르지 않고 똑같다는 뜻이다. 영락零落의 어원에 대해서는 여러 가지 설이 있으나 '물건이나 모양이 빠지거나 없는 상태'라는 뜻이 적합해 보인다. 그러므로 영락없다는 것은 결락되거나 없어진 것이 없다는 뜻이 되어 딱 맞다, 꼭 일치한다는 뜻이 되는 것이다.

흔히 어른 앞에서 경솔하게 행동하면 "어른 앞에서 채신 머리없게 굴지 마라."라는 주의를 듣는다. 이때 채신머리없다는 말은 '채신없다.'의 속된 말이다. '채신없다.'의 채신은 처신處身에서 나온 말이다. 처신을 잘못하여 하는 꼴이 매우 못마땅하면 채신이 없는 것이다. '채신없다.'는 말과 행동이 경솔하여 남을 대하는 데 믿음이 없다는 뜻이다.

'면목 없다.'는 말도 있다. 면목面目은 얼굴을 가리키는데 체면의 뜻도 있다. 우리나라 사람들에게 얼굴은 체면의 상징이다. 사람들은 부끄러운 행동을 하여 체면이 서지 않으면 얼굴부터 가린다. 남의 얼굴 볼 낯이 없으면 면목이 없게 되는 것이다. 면목이 없으면 얼굴을 못 들겠고 한다. 반대로 면목이 서면 얼굴값을 했다고 말한다.

사정을 전혀 보아주지 않으면 '가차 없다.'고 한다. "쓸모 없는 물건을 가차 없이 버렸다." 등과 같이 쓴다. 가차假借는 '임시로 빌리다.'는 뜻이다. 한자를 만드는 방법 가운데 가차假借라는 것이 있다. 어떤 뜻을 나타내는 한자가 없을 때 본래 뜻과 상관없이 다른 한자를 임시로 빌려 쓰는 방법이다. 나라 혹은 도시 이름 대부분이 가차 문자다. 예컨대 로스앤젤레스는 나성羅城으로, 프랑스는 불란서佛蘭西로 표기하는 것 따위다. 가차가 없다는 것은 임시로 빌리는 것도 안 된다는 것이므로 전혀 고려의 대상이 되지 못한다는 뜻이 된다. 또한, 가차에는 '용서하다.'라는 뜻도 있으므로 '가차 없는' 것은 전혀 사정을 봐주거나 용서해 주지 않는 것이다.

일정한 줏대 없이 자꾸 이랬다저랬다 하면 '주책맞다.'고 한다. 주책바가지라고 놀리기도 한다. 주책은 주착主着에서 나온 말이다. 주착主着은 '주된 생각을 붙들다.'는 뜻으로, 일정한 주견主見이나 줏대를 말한다. 이 주착이 나중에 주책으로 바뀐 것이다. 그러므로 일정한 줏대가 없이 자꾸 이랬다저랬다 실없을 때는 주책이 '없는' 것이므로 주책없다고 해야 한다. 과거에 '주책이다.'라는 말은 비표준어였다. 그런데 실생활에서 '주책맞다.'라거나 '주책이야.'라는 말을 자주 사용하자 2017년에 국립국어원에서 '주책이다'도 표준어로 인정하였다. 그리하여 '주책맞다, 주책스럽다.'도 모두 표준어로 인정하게 되었다. 언어도 문화의 하나인지라 변화하는 시대 환경에 따라 사라지기도 하고 새로 나타나기도 하며, 비정상으로 취급되던 말이 다수의 지지를 받게 되면 정상으로 바뀌기도 하는 것이다.

다시보기

영락없다 : 조금도 틀리지 않고 꼭 들어맞다.

채신없다 : 말이나 행동이 경솔하여 위엄이나 신망이 없다.

면목 없다 : 부끄러워 남을 볼 낯이 없다.

가차 없다 : 사정을 봐주는 것이나 용서함이 없다.

본래 의미와 쓰임이
달라진 말

우리말 가운데는 실제 사용하는 용례와 의미가 달라 아이러니한 느낌을 주는 말들이 있다.

볼일을 보러 가는 곳이 화장실化粧室이다. 순우리말로는 뒷간이라 하며 변소便所, 측간厠間이라고도 한다. 조선 시대엔 뒷간이나 측간으로 불렸으며 일제 강점기엔 변소로 불리다가 어느 사이 화장실로 불리게 되었다. 경상도나 제주도에서는 통시라 한다. 제주도의 통시는 대소변을 누는 곳과 돼지를 가두어 기르는 곳을 하나로 합쳐 만들었다. 통시의 어원에는 여럿이 있는데 그중에 통시通屎로 써서 배설물[屎]이 흐르는[通] 곳이란 의미도 있고 돈시豚屎로 써서 돼지가 있는 변소라는 뜻도 있다. 큰 볼일에는 '통' 소리가 나고 작은 볼

일에는 '시' 하는 소리가 났기 때문이라는 설도 있다. 불교에서는 해우소解憂所라고 부른다. 근심을 푸는 곳이란 뜻이다. 묵은 찌꺼기를 비워내면서 인간적인 근심과 욕망, 번민도 털어내라는 의미다.

화장실化粧室은 글자 뜻대로 풀이하면 '꾸미고[化] 단장하는[粧] 방[室]'이다. 곧 화장하는 방이다. 화장실의 본래 기능과는 전혀 뜻이 어울리지 않는다. 그 나라의 문화 수준은 화장실을 보면 알 수 있다고 하니 글자의 본래 의미를 살려 깨끗한 공간으로 사용해가야 한다.

돈이나 물건 따위를 아끼지 않고 마구 쓸 때 '흥청망청 쓴다.'고 한다. 그런데 흥청興淸은 맑음을 일으킨다는 뜻으로 매우 운치가 있다. 본래 흥청은 기생의 종류를 가리키던 말이었다. 조선 시대 연산군은 연회를 즐기는 데 필요한 기생들을 뽑아 그 가운데 미모가 뛰어난 기생을 궁궐에 들이도록 했다. 이들을 흥청興淸이라 불렀는데 '맑음을 일으킨다.', 즉 나쁜 기운을 쫓아낸다는 의미를 담았다. 연산군은 매일 흥청과 어울려 노느라 나랏일은 뒷전이었다. 정치는 엉망이 되었고 결국 연산군은 중종반정을 통해 폐위되었다. 당시 백성들은 흥청이 연산군을 망치게 하는 망청이 되었다며 혀를 끌끌 찼다. 그리하여 흥에 겨워 제멋대로 즐기거나 물건을 아끼지 않고 마구 쓸 때 '흥청망청'이라고 하게 되었다.

승부나 실력이 팽팽하여 거의 차이가 나지 않을 때 '박빙의 승부를 펼친다.'고 말한다. 박빙薄氷은 '엷은 얼음', 즉 살얼음을 가리킨다. 살얼음은 살짝 얼어 두께가 아주 얇다. 얇은 얼음 위를 걸으면 바로 깨질 위험이 있으므로 살금살금 조심조심 걸어야만 한다. 박빙은 아슬아슬하고 위험한 상황이다. 여리박빙如履薄氷이라고 하여 살얼음을 밟는 것과 같이 아주 위험하고 조심스러운 상황을 일컫는 말도 있다. 그런데 어찌 된 일인지 오늘날엔 치열하고 근소한 차이가 나는 경쟁이나 상황을 비유적으로 표현한 말이 되었다. '박빙의 접전을 펼쳤다.', '1등과 2등이 박빙의 차이로 결정났다.' 등과 같이 쓴다.

 다시보기

흥청興淸亡靑 : 흥청은 본래 기생의 이름. 흥에 겨워 제멋대로 즐기거나 물건을 아끼지 않고 마구 쓰는 상태를 뜻함
  * 흥청망청 쓰다

박빙薄氷 : 살얼음을 밟는 것과 같이 위험한 상황을 비유적으로 이르는 말이었으나, 지금은 아주 근소한 차이라는 뜻으로 쓰임
  * 박빙의 승부를 펼치다

한자의 쓸모

죄와 벌을
나타내는 말

죄를 지으면 벌을 받는다. 죄와 벌은 잘못된 행동과 그에 대한 처벌로써 개인과 사회가 정의와 도덕을 유지하는 데 중요한 기능을 한다. 오늘날의 형벌은 아무리 흉악한 죄를 저질렀더라도 인권을 존중해 주지만 옛날의 형벌은 찢고 베고 때리는 등 잔혹한 종류가 많았다. 그래서인지 형벌에서 나온 말은 대체로 부정적인 뜻을 담고 있거나 남을 저주하는 욕과 관련되어 있다.

진정한 자유 없이 속박된 상태를 질곡桎梏이라 한다. "가난의 질곡에서 벗어나지 못했다."라든가 "역사의 질곡에서 벗어나다." 등과 같이 쓴다. 질곡은 벌을 주는 도구를 일컫는 말이다. 질桎은 발에 차는 차꼬를 뜻하고, 곡梏은 손에 차는 수갑을 뜻한다. 『주례周禮』에서는 질곡에 등급이 있다고 했다. 가장 무거운 죄를 지은 사람에게는 발에 차꼬를 채우고 손에는 수갑을 채우는 질곡桎梏을 한 후 두 손을 형틀에 함께 채웠다. 이를 한자로는 공恭이라 했다. 죄질이 좀 더 가벼운 중죄의 경우엔 질桎과 곡梏만 채웠으며, 그보다 더 가벼우면 손에 채우는 수갑인 곡梏만 집행했다. 왕족이 죄를 지으면 죄질과 관계없이 공恭을 집행했다고 한다. 질곡을 채워 가두는 곳은 영어囹圄라 했다. 요즘의 감옥이다.

질곡을 채우면 꼼짝할 수가 없다. 전혀 자유를 가질 수가 없다. 우리는 과거 수많은 역사의 질곡을 겪었으며 이를 슬기롭게 헤쳐 왔다. 의로운 사람들의 희생을 통해 역사의 질곡에서 벗어날 수 있었다.

아무리 해도 알 수 없을 때는 '도무지 알 수가 없다.'고 말한다. '도무지'도 형벌과 관계있다. 도무지는 도모지塗貌紙가 변한 말이다. 도모지는 얼굴에 바르는 종이인데 조선 시대 형벌의 하나로 쓰였다. 죄수에게 벌을 줄 때 도모지라는 창호지에 물을 묻혀 죄수의 얼굴에 여러 겹으로 착 달라붙게 한다. 죄수는 보이지도 들리지도 않고 말도 하지 못하는 상황에서 종이 물기가 말라감에 따라 서서히 숨을 쉬지 못하게 되어 죽어간다. 그 끔찍한 형벌만큼이나 도저히 어떻게 해볼 도리가 없다는 뜻에서 도무지(도모지)란 말이 나왔다. 구한말 황현이 쓴 『매천야록』에 의하면 자식이 가정의 윤리에 크게 어긋난 짓을 했을 때 아버지가 자식에게 비밀리에 내렸던 사형이었다고 한다. 지금도 이슬람권에서는 명예살인을 명분으로 사람들이 지켜보는 앞에서 자식을 때려죽이거나 돌로 쳐 죽이는 일이 종종 벌어진다. 우리 역사에서도 이 같은 비인간적인 일이 있었다고 하니 도무지 믿기 힘들다.

욕설 가운데도 형벌과 관련된 말이 있다. '경을 칠 놈'이라는 욕설이다. 경黥은 조선 시대 형벌인 경형黥刑을 가리킨다. 경黥은 도둑질한 사람의 이마나 뺨, 팔뚝에 먹물로 죄명을 새겨 넣던 형벌이다. 초범의 경우에는 팔뚝에 글자를 새겼으며 중범죄의 경우엔 이마에 새기기도 했다. 한번 새겨지면 주홍글씨처럼 평생 달고 살아야 했기에 얼굴을 들고 다닐 수가 없었다. 경형은 먹으로 새기는 것이기에 묵형墨刑으로도 불리었다. 이 형벌은 너무 비인간적이라 하여 영조 때 폐지되었다.

'육시戮屍랄 녀석'이란 무시무시한 욕도 있다. 육시戮屍는 이미 죽은 사람의 시신을 꺼내어 시체를 베거나 목을 베는 형벌이다. 죽은 뒤에 역모 혐의가 드러나면 그 무덤을 파헤쳐 시신의 목을 베었다. 부관참시와 같은 말이다. '육시랄'은 '육시를 할'을 줄여 쓴 표현이다. 육시랄은 상대를 저주하는 무시무시한 욕이니 절대 해서는 안 되겠다.

무언가 마뜩잖을 때 쓰는 '젠장맞을'이란 비속어는 '제기 난장亂杖을 맞을'이 변한 것이다. '제기'는 못마땅하여 불쾌할 때 내는 욕이다. 어지러운 매질이라는 뜻의 난장亂杖은 여럿이 죄수를 가운데 두고 닥치는 대로 때리는 형벌이었다. 붉은색 몽둥이로 때렸는데 패륜의 죄를 저지른 사람에게 행해졌다고 한다. 형사 고발한다는 뜻의 '제기다.'에서 유래했다는 설도 있다.

일이 뜻대로 되지 않거나 마음에 안 들 때 내뱉는 '우라질'은 '오라를 질'이라는 말에서 나왔다. 오라는 죄수를 묶는 포승줄이다. 곧 '우라질'이란 포승줄에 묶여 관청에 끌려가는 상황을 말한다.

이런 형벌들은 잔인하고 비인간적이라 하여 모두 사라졌고 욕설로 남았다. 정약용은 『목민심서牧民心書』, 「신형愼刑」에서, "형벌로써 백성을 바로잡는 것은 최하의 방법이다. 자신을 단속하고 법을 받들어 엄정하게 임한다면 백성이 죄를 범하지 않게 될 것이니 형벌을 없애도 좋다."라고 했다. 더욱 정의로운 사회가 되려면 죄를 지은 사람에게 합당한 벌이 가해져야 하겠으나 가장 좋은 것은 형벌이 필요 없는 사회다.

다시보기

질곡桎梏 : 발에 차는 차꼬와 손에 차는 수갑으로, 자유 없이 속박된
상태를 의미

도무지 : 도모지塗貌紙라는 종이에 물을 묻혀 죄수의 얼굴에 붙여 숨을
쉬지 못하게 하는 형벌

경黥**을 칠** : 도둑질한 사람의 이마나 뺨, 팔뚝에 먹물로 죄명을 새겨
넣던 형벌

젠장맞을 : '제기 난장亂杖을 맞을'의 변형으로 난장은 죄수를 가운데 두
고 닥치는 대로 때리는 형벌

육시戮屍**랄** : '육시를 할'의 줄임말로, 육시는 죽은 사람의 시신을 꺼
내어 목을 베는 형벌

우라질 : '오라를 질'이란 뜻으로 포승줄(오라)에 묶여 관청에 끌려가는
상황

첫 단추를 잘 끼워야 하는,
시작

첫 단추를 잘 끼워야 한다는 말이 있다. 첫 단추를 잘못 끼우면 마지막 단추는 갈 곳이 없다. '털끝만 한 차이로 천리가 어긋난다[差之毫釐 謬以千里].'라는 말도 있듯이 사소한 시작의 차이가 엄청나게 다른 결과를 낳는다. 시작의 중요성은 그와 관련된 어휘가 참 많은 데서도 드러난다.

맨 처음을 효시라고 한다. "한문 소설의 효시는 금오신화다."와 같이 사용한다. 효시嚆矢는 '우는 화살'이란 뜻이다. 효시는 전쟁의 시작을 알리던 화살 이름이었다. 전쟁에서 수많은 병사에게 일제히 공격을 알리는 신호가 필요했다. 곰곰이 생각한 끝에 화살촉에 끝이 뭉툭하고 구멍이 뚫린 소리통을 달았다. 이 화살을 쏘아 올리면 날카로운 휘파람 소리가 났다. 군사들은 이 우는 화살이 날아가면 싸움을 시작했다.

　원조元祖라는 말도 있다. 음식점이 몰려 있는 곳엔 으레 '원조'라고 쓴 간판이 붙어 있다. 원조元祖는 어떤 일을 처음 시작했다는 뜻이다. 어떤 분야나 사상의 최초의 창시자나 기원을 의미한다. 원조元祖에서 원元은 머리를 크게 그린 사람을 본뜬 글자다. 머리는 사람의 맨 꼭대기에 있어서 '으뜸, 처음'이라는 뜻이 갈라져 나왔다. 설날의 또 다른 이름인 원단元旦은 첫 아침이라는 뜻이다. 원조는 '처음 시작한 조상'이라는 뜻이다. 음식점마다 서로 원조라고 주장하니, 진짜 원조는 찾기가 힘들어졌다.

　비조鼻祖도 어떤 일을 가장 먼저 시작한 사람 혹은 사물의 처음이라는 뜻이다. 주로 문화나 학문, 예술의 특정 분야에서 그 기초를 닦은 인물에 쓰인다. 비조鼻祖는 번역하면 코의 조상이다. 중국 사람들은 엄마 뱃속에서 아기가 생길 때 코부터 만들어진다고 생각했다. 『정자통正字通』에서는 "인간의 뱃속 아기는 코가 먼저 형태를 갖춘다. 그러므로 시조를 일컬어 비조라고 한다."라고 기록하였다. 지금도 맨 처음 낳은 맏아들을 비자鼻子라 부른다. 중국 화가들은 초상화도 코부터 그리곤 한다. 코가 모든 사물의 시초라는 상징을 갖게 된 것이다.

이전에 아무도 한 적이 없는 일을 누군가 처음으로 이루어 내는 것을 파천황破天荒이라 한다. 파破는 깨뜨린다는 뜻이고, 천황天荒은 '천지가 아직 열리기 이전의 상태'다. 당나라 때 형주 땅에서는 매년 수많은 사람이 과거에 응시해도 중앙 시험에 합격하는 자가 없었다. 사람들은 이런 형주에 대해 '천황天荒'의 땅이라는 이름을 붙였다. 그런데 유세라는 사람이 드디어 처음으로 과거에 합격하게 되었다. 사람들은 드디어 천황을 깨뜨린 자가 나타났다고 놀라워하며 그에게 파천황이라 불러 주었다. 그야말로 앞의 시대에는 들린 바가 없는 일이니 전대미문前代未聞이요, 미증유未曾有의 일이다. 주로 새로운 일을 시작하여 이전의 한계를 넘어설 때 사용한다.

비슷한 뜻으로 남상濫觴이 있다. 남濫은 거울에 물이 흘러넘치는 모습을 나타낸 글자로 '넘치다.'는 뜻이다. 상觴은 뿔로 만든 술잔이다. 그러니 남상은 술잔에서 넘치는 것이다. 중국의 양쯔강은 매우 크고 드넓다. 그러나 이처럼 큰 강물도 처음에는 술잔에서 흘러넘칠 정도의 작은 물줄기에서 시작되었다. 처음부터 거창한 것은 없다. 아무리 위대한 창조물도 처음에는 보잘것없는 데서 시작했다. 술잔에서 넘칠 만큼의 작은 물줄기가 모여 강물이 되고 바다를 만든다.

출사표出師表도 시작과 관련 있다. 경쟁이나 경기에 참가할 의사를 밝힐 때 '출사표를 던진다.'고 말한다. 출사표에서 출出은 출동한다는 뜻이다. 사師는 일반적으로 스승이라는 뜻으로 쓰이지만 여기서는 군사, 혹은 군대란 뜻이다. 표表는 문장 형식의 하나로서 신하가 임금에게 자신의 의견을 밝히는 글이다. 곧 출사표는 군대를 출병할 때 신하가 임금에게 필승의 다짐을 담아 올리는 글이다. 오늘날엔 중요한 일에 임하기 전에 다짐하거나 각오를 밝힐 때 쓰고 있다.

『삼국지三國志』에서 제갈공명은 그가 주인으로 모셨던 유비의 뜻을 받들어 위나라를 치고자 하였다. 군대를 출동시키기에 앞서 그는 유비의 아들인 황제 유선 앞에서 눈물을 흘리며 '출사표'를 지어 바쳤다. 그 내용이 간곡한 충언으로 가득한 천하의 명문장이었다. 이처럼 출사표는 신하가 임금에게 자신의 의견을 말할 때 사용되었으므로 본래는 '올리는' 것이지만 지금은 '던지다.'로 쓰이고 있다.

시작 못지않게 마지막 한 삼태기를 쌓아올리는 일도 중요하다. 아홉 길의 산을 만들면서 마지막 한 삼태기 분량의 흙 때문에 공든 탑이 와르르 무너질 수 있다. 공휴일궤功虧一簣는 '성공이 한 삼태기로 인해 무너진다.'는 뜻이다. 일을 거의 마무리 짓고서 사소한 방심으로 그동안의 공이 물거품이 되

는 수가 있다. 백 리를 가는 자는 구십 리를 반이라고 여겨야
한다[行百里者 半於九十].

 다시보기

효시嚆矢 : 전쟁의 시작을 알리던 '우는 화살'에서 유래
원조元祖 : 처음의 조상이란 뜻
비조鼻祖 : 코의 조상이란 뜻. 아기가 생길 때 코부터 생긴다고 여긴
　　　데서 유래
파천황破天荒 : 천황을 깨뜨리다. 천황은 불모지의 뜻
남상濫觴 : 술잔에서 넘치다. 큰 강물도 처음엔 술잔에서 넘칠 정도의
　　　물에서 시작한다는 의미
출사표出師表 : 군대를 출병할 때 신하가 임금에게 승리의 다짐을
　　　담아 올리던 글에서 유래

한자의 쓸모

백 리를 가는 자는
구십 리를 반이라고 여겨야 한다.
[行百里者 半於九十]

사물의 쓸모가 만든 한자

쓸모없는 존재는 없다. 사물마다 존재해야 할 이유가 있고 이름 붙여진 속사정이 있다. 사물의 유래를 잘 이해하게 되면 하찮아 보이는 사물도 남다른 의미로 다가오고 사물을 바라보는 시선이 더 깊어질 수 있다.

본받을 만한 본보기나 가르침이 되는 사례를 귀감龜鑑이라고 한다. "그의 선행은 많은 사람의 귀감이 되었다." 등과 같이 쓴다. 귀감에서 귀龜는 거북이고, 감鑑은 거울이란 뜻이다. 거북은 생명이 길고 미래를 예언하는 상서로운 동물이다. 옛사람들은 거북의 등딱지에 하늘과 땅의 메시지가 숨어 있다고 생각해서 거북의 등딱지에 글자를 새겼다. 갑골문甲骨文의 갑甲이 거북의 등딱지를 나타낸다. 또 거북의 등딱지를 태워 갈라지는 모습을 보고 인간사 좋고 나쁨을 점치기도 했다. 둘 사이가 갈라져 틈이 생기는 것을 균열龜裂이라고 하는데 거북의 등딱지가 갈라진다는 뜻에서 나온 말이다. 거북 귀龜가 갈라진다는 뜻일 때는 '균'으로 읽는다. 龜가 지명일 때는 구로 읽는다. 한 예로 고대 가요인 「구지가龜旨歌」의 구지龜旨는 구지봉龜旨峯을 가리킨다.

반면 감鑑은 거울에 비춰본다는 뜻이다. 청동기 시대엔 오늘날의 거울이 없어서 그릇 등에 물을 담아 물에 비추어 얼굴을 보았다. 사물의 모습이 비치는 것을 보며 인간의 마음도 환히 비춰준다고 생각했다. 곧 귀감은 거북의 등에 나타난 조짐이나 거울에 나타난 모습을 보고 미래를 지혜롭게 대처해 나간다는 뜻이었다. 이 뜻이 '거울삼아 본받을 만한 모범'이라는 뜻으로 바뀌게 되었다.

흔들어 소리를 내는 종鐘에도 깊은 상징이 있다. 시계가 없던 옛날에 종은 시간을 알려 주기도 했지만, 나라를 구해 주기도 하는 사물이었다. 나쁜 기운을 쫓아내기 위해 종을 만들기도 했다. 그 가운데 경종警鐘은 외부의 위협이나 적의 침입을 알리기 위해 만든 종이었다. 도적 떼가 침략하는 등 외부의 위협이 생기면 경종을 울려 적의 침입을 알렸다. 그리하여 잘못이나 위험을 미리 경계하여 주의를 환기할 때 '경종을 울린다.'고 말하게 되었다. 사회가 삭막해지고 도덕이 허물어져 가는 오늘날, 경종을 울리는 일이 많다. 경종이 아닌 심금心琴을 울리는 일이 많아지면 좋겠다.

어떤 사건이 일어나면 그 일이 일어나게 된 배경이나 동기 등을 꼼꼼히 살펴보아야 한다. 그럴 때 '일의 경위를 밝힌다.'고 말한다. 경위經緯는 본래 실의 날줄과 씨줄을 가리키는 말이다. 옛날에는 옷을 직접 집에서 만들었다. 옷감을 만들기 위해선 베틀에 실을 고정하는데 세로줄인 날줄을 고정한 다음 북으로 씨줄을 쳐서 짠다. 이때 세로줄인 날줄을 경經이라 한다. 날줄은 고정된 줄이라서 변하지 않았다. 그래서 변하지 않는 진리를 담은 책을 경전經典이라 하는 것이다. 또 가로줄인 씨줄을 위緯라 했는데 씨줄은 이리저리 움직였다. 이 날줄과 씨줄이 서로 합쳐져 옷이 완성되었다. 날줄과 씨줄이 반복하는 과정을 통해 하나의 옷감이 완성되는 것처럼 인간의 일이 전개되어 가는 과정을 경위經緯라 부르게 된 것이다. 일을 성급하게 처리하지 말고, 경위를 잘 살펴야 실수를 하지 않는다.

늘 가까이 적어 두고 경계나 교훈으로 삼는 말을 좌우명座右銘이라고 한다. 좌우명은 '자리[座] 오른쪽[右]에 새겨두는 경구[銘]'란 뜻이다. 그런데 좌우명은 본래 술 항아리를 가리키는 말이었다. 텅 비어 있으면 기울어 있다가 술을 반쯤 담으면 똑바로 서고 가득 채우면 넘어지는 술 항아리였다. 공자가 이 항아리를 보고 제자들에게 "공부란 것도 이와 같다. 다 배웠다고 교만하게 되면 반드시 화를 당하게 된다."라고 가르쳤다. 그리하여 똑같은 술 항아리를 만들어 의자 오른쪽에 두고 스스로 경계 삼았다고 한다. 좌우명座右銘의 좌座를 왼쪽 좌左로 잘못 알고 있는 경우가 많으니 주의해야 한다.

흠 없이 완전하게 처리하는 것을 완벽完璧이라 한다. 완벽은 본래 구슬을 온전하게 한다는 뜻이다. 벽璧은 구슬의 일종으로 조나라의 유명한 화씨벽和氏璧이다. 화씨벽은 초나라 사람인 '변화 씨卞和氏가 발견한 옥'으로 모든 왕이 탐내는 진귀한 보물이었다. 조趙나라 왕이 지니게 되었는데 막강한 힘을 지녔던 진秦나라 소왕昭王이 열다섯 성과 화씨벽을 맞바꾸자고 제안하였다. 조나라 왕이 난감해할 때 신하였던 인상여가 나서서 구슬을 갖고 가서 진나라 왕이 성을 주지 않으면 구슬을 온전히 하여 돌아오겠다고 했다. 여기서 '구슬을 온전히 하여'라는 대목, 즉 완벽完璧이란 말이 유래하게 되었다. 구슬을 갖고 진나라에 간 인상여는 처음부터 성을 줄 생각이 없었던 진 왕의 속셈을 눈치채고서, 진 왕을 속여 화씨의 구슬을 온전히 보전하여 돌아왔다.

너무 완벽한 모습만 보여주려고 애쓸 필요는 없다. 물이 너무 맑으면 고기가 없고 사람이 너무 살피면 친구가 없다. 있는 그대로의 인간적인 모습을 보여주는 것도 사람 관계에서는 필요한 일이다.

 다시보기

귀감龜鑑 : 거북[龜]의 등에 나타난 조짐이나 거울[鑑]에 나타난 모습을 보고 미래를 지혜롭게 대처하는 데서 거울삼아 본받을 만한 모범의 뜻이 생김

경종警鐘 : 외부의 위협이나 적의 침입을 알리기 위해 만든 종鐘을 울린[警] 데서 잘못이나 위험을 미리 경계하여 주의를 환기한다는 뜻이 됨

경위經緯 : 실의 날줄[經]과 씨줄[緯]이 반복해서 옷이 만들어지는 것에서 인간의 일이 전개되어 가는 과정을 의미

좌우명座右銘 : 가득 채우면 쓰러지는 술 항아리에서 유래하여 자리 오른쪽[座右]에 새겨두는 경구[銘]의 뜻

완벽完璧 : 구슬[璧]을 온전하게 하다[完]는 데서 유래하여 결함 없이 완전함을 이르는 말

전쟁에서 유래한 말

오늘날 일상에서는 평화의 세기를 누리는 것 같지만, 여전히 지구 곳곳에서는 크고 작은 전쟁이 벌어지고 있다. 옛날에는 지금보다 훨씬 많은 전쟁이 일어나 수많은 사람이 죽거나 다쳤다. 전쟁은 삶에도 큰 영향을 끼쳤기 때문에 전쟁에서 나온 말도 적지 않다.

전쟁과 관련해 가장 잘 알려진 병법서가 『손자병법孫子兵法』이다. 『손자병법』은 중국 춘추 전국 시대에 손무가 썼다. '남을 알고 나를 알면 백번 싸워도 위태롭지 않다.'는 '지피지기知彼知己 백전불태百戰不殆'라는 말도 이 책에서 나왔다.

미인계라는 말도 『손자병법』에서 유래한다. 미인계美人計는 '미인을 이용한 계략'이란 뜻이다. 손자병법 36계 중 31계에

의하면, 국가의 존망이 위태할 때 어쩔 수 없이 적을 섬겨야 할 상황이 되면 아리따운 여자를 보내 섬기게 하는 미인계를 쓴다. 미모의 여인을 보내면 적장의 마음을 흔들어 놓을 뿐 아니라 군대의 규율을 나태하게 할 수 있다는 것이다. 지금은 아름다운 미모를 이용해서 남을 유혹할 때 이 말을 쓴다.

또 다른 병법서에는 삼십육계三十六計라는 말이 나온다. 삼십육계는 전쟁에서 사용하는 전술 서른여섯 가지를 말한다. 그 가운데 '삼십육계三十六計 주위상책走爲上策'이라고 하여 '삼십육계 가운데 도망하는 것이 제일 좋은 책략이다.' 라고 하였다. 도망해야 할 때는 기회를 잘 엿보아 무조건 도망을 쳐서 몸을 안전하게 하는 것이 최상의 병법이라는 뜻이다. 지금은 이 말이 변해서 '삼십육계 줄행랑'이라는 말을 관용적으로 쓴다. 불리할 때는 무조건 도망가는 것이 최고의 방법이라는 뜻이다.

고육책苦肉策도 삼십육계 가운데 하나다. 고육책은 자기 몸을 괴롭게 하는 계책이란 뜻이다. 더 큰 이익을 위해 작은 희생을 감수하는 전략이다. 『삼국지』에서 오나라 진영의 황개라는 장수가 일부러 심한 고문을 받은 뒤 상대방에게 거짓으로 항복한 후, 결국 오나라가 승리하는 데 도움을 주었다. 그리하여 고육책은 어려운 상황에서 벗어나기 위해 자신의 피해를 무릅쓰고 어쩔 수 없이 하는 계책을 뜻하게 되었다.

어떤 일을 임시변통으로 해결할 때는 미봉책彌縫策이라고 한다. 미봉은 터진 부분을 꿰매고 깁는 것이다. 곧 미봉책은 실로 꿰매고 깁듯이 부족한 부분을 그때그때 메우는 방법이다. 이 말도 군대의 병법에서 나왔다. 춘추 시대 주나라 때 장공莊公이 군사 작전을 펼칠 때 전차를 앞세워 보병을 뒤따르게 한 뒤 전차와 보병 사이의 간격을 일부 병력으로 메워 승리하였다. 이를 오승미봉伍承彌縫이라 했다. 미봉책은 모자라는 부분을 보충하여 싸움을 승리로 이끈 좋은 방책이었지만 오늘날에는 당장 편리를 위해 임시로 상황을 모면하려는 태도를 뜻하게 되었다. 미봉책은 당장은 위기를 모면할 수도 있겠지만 뒤에 가서는 더 큰 문제를 낳는다.

역사에는 악惡에 대한 응징을 구실로 내세워 강자가 약자를 침략하는 일이 흔히 일어났다. 그러나 전쟁에는 정의도 도덕도 윤리도 없다. 오직 상대방을 죽여야만 내가 살아남는다. 승리한 전쟁이란 없다. 전쟁에서 이긴 쪽도 수많은 사상자가 있고 후유증과 트라우마로 고통받는다. 인간의 도덕적 가치가 다 파괴되었는데 승리가 무슨 소용이겠는가. 전쟁은 폭력을 통해 상대방을 제압하려는 비인간적인 수단일 뿐이므로 어떤 명분으로도 합리화될 수 없다.

지피지기知彼知己 **백전불태**百戰不殆 : 남을 알고 나를 알면
　　백번 싸워도 위태롭지 않다는 뜻

삼십육계三十六計 : 삼십육계 가운데 도망하는 것이 제일 좋은 책
　　략이라는 구절에서 나온 말로 달아나는 것이 최고의 방법임을
　　나타내는 말

고육책苦肉策 : 자기 몸을 괴롭게 하는 계책이란 뜻으로 자신의 피
　　해를 무릅쓰고 어쩔 수 없이 꾸며 내는 계책

미봉책彌縫策 : 터진 부분을 실로 꿰매고 깁듯이[彌縫] 부족한 부분
　　을 그때그때 메우는 방법

머리와 관련한
우리말

　머리는 사람의 신체 가운데 가장 중요하다. 생각하고 판단하는 능력이 머리에서 나온다. 아주 어려운 문제를 만나면 머리를 맞대고 머리를 잘 굴려야 한다. 머리를 쥐어짰는데도 풀지 못하면 머리를 긁어야 할지도 모른다.

　머리를 뜻하는 한자는 두頭다. 남보다 특히 뛰어난 것을 말할 때 '두각을 나타낸다.'고 말한다. 두각頭角은 머리끝이란 뜻이다. 머리끝은 맨 꼭대기에 있으므로 멀리서도 눈에 잘 띈다. 여럿 중에서도 유난히 돋보이는 지식이나 재능을 나타내면 '두각을 드러낸다.'고 말하는 것이다. 당나라를 대표하는 두 문장가인 유종원과 한유는 둘도 없는 친구 사이였다. 유종원이 죽자 한유는 그를 위해 죽음을 슬퍼하는 묘지명을

써 주었는데, "그는 어려서부터 남달리 총명하여 모르는 것이 없었다. 어린 나이에 진사進士에 급제하여 가는 곳마다 두각頭角을 나타냈다."라고 기록했다. 두각을 드러내기까지엔 남다른 노력과 열정이 숨어 있다. 에디슨은 전기를 발명하기까지 무려 만 번도 넘는 실패를 거듭했다. 라이트 형제가 비행기 만들기에 성공하기까진 수백 수천의 좌절이 있었다.

만두饅頭라는 말에는 머리와 관련하여 재미있는 유래가 있다. 설날에 주로 먹는 만두饅頭는 본래 만두蠻頭라고 썼다. 만두蠻頭는 '오랑캐 머리'라는 뜻이다. 『삼국지』의 영웅 제갈공명이 남쪽 오랑캐를 무찌르고 돌아올 때의 일이다. 강을 건너려는데 갑자기 천둥 번개가 몰아치고 풍랑이 일어났다. 한 신하가 사람의 머리 마흔아홉 개를 물의 신神에게 바쳐야만 강물이 잔잔해진다고 조언했다. 차마 아끼는 부하를 죽일 수 없었던 제갈공명은 한 가지 좋은 아이디어가 떠올랐다. 밀가루로 오랑캐[蠻] 머리[頭] 모양을 빚어 사람 대신 제사를 지냈다. 그러자 강물은 금세 잔잔해졌다. 이로부터 만두가 널리 퍼지게 되었다. 이후 '오랑캐 머리'라는 뜻이 껄끄러워 '오랑캐 만蠻' 자를 '만두 만饅' 자로 바꾸게 되었다. 우리나라에서는 고려 시대에 만두가 전래되었다. 이때는 상화霜花라고 불렸는데 고려 가요인 「쌍화점」이 만두 가게란 뜻이다.

머리는 맨 꼭대기에 있다. 꼭대기는 맨 앞이고 사물의 시작에 비유할 수 있다. 두괄식頭括式은 글의 중심 내용이 글의 처음에 오는 형태를 말한다. 맨 앞에서 이끄는 것을 '진두지휘陣頭指揮한다.'고 말한다. 길 위, 곧 길거리에서 하는 행진은 가두街頭 행진이다.

머리를 뜻하는 글자로 수首도 있다. 사람의 얼굴에 솟은 머리카락을 나타낸 글자다. 머리는 모든 생각을 총괄하는 역할을 하면서 신체 가운데 가장 꼭대기에 있어서 '우두머리'나 '중심되는 것'이란 뜻도 있다. 나라의 최고 통치자를 원수元首라고 하며, 한 나라의 중심 도시를 수도首都라고 한다. 일등은 수석首席이라고 한다.

여우는 죽을 때 머리를 자신이 살던 굴 쪽을 향하고 죽는다고 한다. 죽음을 앞두고 고향을 생각하는 마음을 나타낸 것이다. 그리하여 고향을 그리워하는 마음을 수구초심首丘初心이라고 하게 되었다.

머리가 차갑지 않으면 어리석은 우민愚民이 되기 쉽고 가슴이 뜨겁지 않으면 인색하고 옹졸해진다. 머리는 차갑게, 가슴은 뜨겁게!

다시보기

두頭 : 머리, 맨 앞, 처음의 뜻

두각頭角 : 머리끝이란 뜻에서 뛰어난 학식이나 재능을 비유

만두饅頭 : 제갈공명이 오랑캐 머리[蠻頭] 모양의 음식을 만든 데서
유래

두괄식頭括式 : 글의 중심 내용이 글의 처음에 오는 형태

수구초심首丘初心 : 여우가 죽을 때 머리를 자신이 살던 굴 쪽을
향한 데서 고향을 그리워하는 마음

한자의 쓸모

머리가 차갑지 않으면
어리석은 우민(愚民)이 되기 쉽고
가슴이 뜨겁지 않으면
인색하고 옹졸해진다.

일상에서 쓰는
관용어

　일상에서 쓰는 말 가운데 습관적으로 쓰는 말이 있다. 이를 관용어라고 한다. 관용어는 둘 이상의 단어가 합쳐져 본래 의미와는 다른 새로운 뜻으로 쓰인다. 관용어가 어떻게 만들어졌는지를 잘 이해하면 상황에 꼭 맞는 표현을 제대로 쓸 수 있다.

　어떤 이야기가 여러 사람 입에 오르내리는 일을 '인구에 회자膾炙된다.'고 한다. 인구人口는 사람의 입이다. 입은 사람마다 하나씩 갖고 있으니 곧 사람과 같은 뜻이다. 회자膾炙에서 회膾는 날고기, 곧 '회'를 뜻한다. 자炙는 불[火]에 고기[肉]를 올려놓은 모습으로 구운 고기를 뜻한다. 회와 구운 고기는 귀하면서 맛있는 음식이다. 밥상 위에 회나 구운 고기가 올라오면 젓가락이 가장 많이 들락거린다. 그리하여 어떤 이야깃거리가 사람들 입에 자주 오르내릴 때 '인구에 회자된다.'고 말하게 되었다.

분위기나 상황을 망칠 때 '산통 깨다.'라고 말한다. "네가 실수하는 바람에 산통 깨졌어." 등과 같이 쓴다. 산통算筒의 어원은 여럿 있는데 그 가운데 점치는 도구와 관련된 것이 있다. 점쟁이가 점을 칠 때는 젓가락처럼 생긴 가늘고 긴 산가지를 통에 넣어 흔든다. 산가지는 본래 셈을 할 때 쓰는 물건이기도 하다. 이 산가지를 넣는 대나무로 만든 통을 산통이라고 부른다. 운세를 점치는 과정에서 점쟁이가 실수로 산통을 떨어뜨려 깨뜨리면 점을 칠 수가 없다. 일을 망치는 것이다. 그리하여 잘 되어 가던 어떤 일을 망치게 되면 '산통을 깨다.'라고 말하게 되었다.

가버린 사람이 소식 없는 일처럼 안타까운 일이 있을까? 올 사람이 오지 않으면 속이 탄다. 이처럼 한번 가면 아무런 소식이 없을 때 '함흥차사咸興差使'라고 한다. 함흥咸興은 함경남도의 지명이다. 차사差使는 특정한 임무를 띠고 파견 나가는 직책으로 지금의 특사라 할 만하다. 함흥차사는 태조 이성계와 이방원의 일화에서 나왔다. 태조 이성계가 왕비의 여섯 아들 대신에 계비의 아들을 세자로 삼았다. 다섯째 아들인

이방원이 이에 불만을 품고 왕자의 난을 일으켜 계비의 두 왕자를 죽였다. 화가 난 태조는 첫째 아들에게 왕위를 물려주고 고향인 함흥으로 돌아갔다. 후에 태종의 자리에 오른 방원은 아버지의 마음을 돌리기 위해 함흥으로 차사를 보냈다. 하지만 태조는 이들을 죽여 버리거나 가두었다. 여기에서 함흥으로 차사를 보내면 소식이 감감하다고 해서 함흥차사란 말이 생겨났다. 함흥차사는 우리나라에서 만들어진 고사라는 점에서 의미 있다.

구미가 당기거나 무엇을 하고 싶은 마음이 들면 '회가 동한다.'고 말한다. 회蛔는 회충이고 '동한다'의 동動은 '움직이다'는 뜻이니 회충이 움직인다는 뜻이다. 옛날에는 많은 사람이 뱃속에 회충을 달고 다녔다. 그리하여 맛난 음식이 코를 자극하거나 군침을 흘리게 할 정도면 뱃속의 회충이 먼저 알고 요동을 친다는 데서 이 말이 나왔다.

지나치게 대담한 행동을 할 때는 '간이 부었다.'고 말한다. 간肝이 정말 부을 수 있을까? 간은 해독 작용을 하고 단백질과 당을 조절하는 기관이다. 한의학에서는 용기와 배짱을 주관하는 기관이라고 말한다. 무언가에 위축되면 '간이 콩알만 해지다.'라고 하고 겁이 많은 사람은 '간이 작다.'고 말한다. 반면 겁을 먹지 않고 지나치게 큰 행동이나 말을 하면 '간이 부었군.'이라고 말한다.

 다시보기

인구人口에 회자膾炙되다 : 회膾와 구운 고기[炙]를 입에 자주 올리
　듯이 어떤 이야기가 여러 사람 입에 오르내리는 일

산통算筒 깨다 : 점치는 도구인 산가지를 넣은 산통을 깨뜨리는 상황
　에서 유래한 말로 잘되던 일을 망치게 되는 일

함흥차사咸興差使 : 함흥으로 보낸 차사가 아무 소식이 없는 것처
　럼 한번 가면 아무런 소식이 없을 때를 이르는 말

회蛔가 동動하다 : 회충이 움직인다는 뜻으로 뱃속의 회충이 맛난
　음식을 먼저 알고 요동을 치듯이 구미가 당기거나 무엇을 하
　고 싶은 마음이 드는 것

간肝이 붓다 : 용기와 배짱을 주관하는 기관인 간이 커진다는 데서 겁
　을 먹지 않고 지나치게 큰 행동이나 말을 하는 것을 비유

사물의 모양을
본뜬 글자

얼굴이 동그란 사람은 '호빵'이라고 하고 코가 빨간 사람은 '딸기코'라고 부른다. 인간의 특징을 그와 비슷한 사물의 모양에 빗대어 비유하면 기억하기가 한결 쉽다. 우리가 쓰는 언어 중에는 사물의 모양을 본떠 지은 이름이 참 많다. 생활어에 담긴 한자의 뜻을 풀어 보면 그 언어가 만들어진 유래와 의미를 알 수 있다.

물건을 고정할 때 쓰는 나사螺絲는 소라 껍데기 모양을 보고 만든 이름이다. 소라 나螺, 실 사絲, 곧 '소라처럼 생긴 실'이란 뜻이다. 바깥쪽에 홈이 나 있는 둥근 막대 모양이 수나사, 안쪽에 홈이 나 있는 것이 암나사다.

낙하산落下傘은 '떨어져 내리는[落下] 우산[傘]'이란 뜻이디. 낙하산의 모양이 우산과 같아서 지은 이름이다. 낙하산은 비유적인 의미로도 쓰인다. 흔히 기업체나 공공기관에서 '낙하산 공천'이니 '낙하산 인사'니 하는 말이 종종 등장한다. 이는 배후의 높은 사람의 은밀한 지원이나 힘에 의해 채용되거나 승진하는 것을 말한다. 위에서 밑으로 뚝 떨어지는 낙하산의 특성을 보고 정상적이지 않은 절차로 자리를 차지하는 시스템을 빗댄 것이다.

형광등螢光燈은 직역하면 '반딧불이[螢]의 빛[光]으로 된 등불[燈]'이란 뜻이다. 형광등은 진공 유리관 속에 형광 물질을 넣은 등인데 반딧불이가 형광 물질을 이용하는 대표적인 동물이라서 반딧불을 형광이라 한다. 형광등은 켜질 때 깜박깜박하면서 천천히 켜진다. 그래서 둔하고 반응이 느린 사람을 속되게 이를 때 "그 사람은 형광등이야."라고 말한다.

용수철龍鬚鐵에서 용수는 '용龍의 수염[鬚]'이라는 뜻이다. 용의 수염은 꼬불꼬불하다. 용수철은 용의 수염과 같이 꼬불꼬불한 쇠[鐵]라는 뜻이다. 수류탄手榴彈은 '손[手]으로 던지는 석류[榴] 모양의 폭탄[彈]'이라는 뜻이다. 수류탄의 모양이 석류와 똑같아서 붙인 이름이다.

사물의 용도로 지은 생활어도 있다. 선풍기扇風機는 부채 선扇, 바람 풍風, 기계 기機, 곧 '부채처럼 바람을 내는 기계'

란 뜻이다. 예전엔 무더운 여름에 부채를 부쳐가며 더위를 식히곤 했다. 이젠 선풍기가 부채의 역할을 대신하게 된 것이다. 냉장고冷藏庫는 차가울 냉冷, 저장할 장藏, 창고 고庫이니 '차갑게 저장하는 창고'라는 뜻이다. 물건을 차갑게 해주어 부패하거나 상하는 것을 막아준다. 주전자酒煎子는 술 주酒, 끓일 전煎, 어조사 자子, 즉 '술을 데우는 그릇'이라는 뜻이다. 주전자는 본래 술을 데우는 용도로 썼다는 사실을 짐작할 수 있다. 지금은 술이 아닌 물이나 차를 끓이는 데 사용한다. 이처럼 우리 생활 언어에는 사물의 모양이나 특성을 반영한 글자가 많다. 사물의 이름에는 그만의 형태와 속성이 담겨있다.

다시보기

나사螺絲 : 소라처럼 생긴 실이란 뜻

낙하산落下傘 : 떨어져 내리는 우산이란 뜻으로 툭 떨어지는 낙하산
의 특성에서 정상적이지 않은 절차로 자리를 차지하는 일을 비
유하기도 함

형광등螢光燈 : 반딧불이[螢]의 빛[光]으로 된 등불[燈]이란 뜻. 형광등
이 켜졌다 꺼졌다 하는 특성에서 둔하고 반응이 느린 사람을 속
되게 이름

용수철龍鬚鐵 : 용[龍]의 수염[鬚]과 같이 꼬불꼬불한 쇠[鐵]라는 뜻

수류탄手榴彈 : 손[手]으로 던지는 석류[榴] 모양의 폭탄[彈]이라는 뜻

선풍기扇風機 : 부채[扇]처럼 바람[風]을 내는 기계[機]

냉장고冷藏庫 : 차갑게[冷] 저장하는[藏] 창고[庫]

주전자酒煎子 : 술[酒]을 데우는[煎] 것

순우리말 같지만
한자어

　서랍은 왜 서랍이라고 부를까? 서랍은 본래 설합舌盒에
서 유래한 말이다. 혀 설舌에 그릇 합盒으로, 혀처럼 쏙 내미
는 그릇이란 뜻이다. 책상의 서랍을 열면 마치 입에서 혀가
쏙 나오듯 상자가 나오는 데서 이름을 붙였다. 서랍은 본래
고유어였는데 이를 표기할 적당한 한자로 설합舌盒을 사용
한 것이라는 견해도 있다.

　'나에게 장난치지 마.' 할 때 장난은 작란作亂이라는 말에
서 왔다. 작란作亂은 '어지러운 짓을 일으키다.'는 뜻이다. 장
난은 주로 어린아이들이 심심풀이로 하는 짓이지만 사소한
장난이 감당 못할 큰 사고를 일으키기도 한다. '장난 끝에 살
인 난다.'는 속담도 있다. 장난은 때와 장소를 가릴 수 있어야

한다. 하지만 호기심 어린 장난은 창조적인 결과물을 낳기도 한다.

'얌체 짓 하지 마.'라고 할 때 얌체는 염치廉恥에서 온 말이다. 염치廉恥는 '부끄러움을 아는 마음'이다. 염치의 작은 말이 얌치이고, 얌치가 얌체로 변했다. 곧 얌체 없는 짓은 부끄러움을 모르는 행동이다. 성냥은 석류황石硫黃이 변한 말이다. 유황硫黃을 돌[石]처럼 굳혀 불을 붙이는 물건이란 뜻이다. 석류황을 빠르게 발음하면 성냥이 된다.

분명하지 않은 모양을 '긴가민가'라고 한다. 본래는 기연미연其然未然에서 온 말이다. 그런지[其然] 그렇지 않은지[未然]란 뜻이다. 이외에도 만만하다는 뜻인 '호락호락'은 홀약홀약忽弱忽弱에서 나왔다. 홀약忽弱은 소홀히 할 홀忽, 약할 약弱으로서 소홀하고 약한 것이다. 홀약을 두 번 반복했으니 아주 무르고 약하다는 뜻이다. 호락호락은 순우리말인데 억지로 한자어로 만들었을 뿐이라는 주장도 있다.

되는대로 어물어물 넘기거나 시간을 흘려보낼 때 '어영부영 보낸다.'고 말한다. 어영부영은 조선 시대 삼군문三軍門의 하나인 어영청御營廳이란 군영 이름에서 유래했다. 어영청은 왕을 호위하는 임무를 맡은 군대로 기강이 매우 강한 정예부대였다. 그런데 조선 후기에 이르러 부대의 전투력이 약해지면서 기강이 해이해지고 제 역할을 못 하는 오합지졸의 군대가 되었다. 사람들은 이를 두고 '어영은 군대도 아니다[非營]', 곧 어영비영御營非營이라고 수군거렸다. 이 어영비영이 지금의 어영부영으로 바뀌었다.

하나의 글자가 생기고 나서 지금에 이르기까지는 수많은 우여곡절의 과정이 있다. 그 과정에서 다양한 설說과 논란이 나오기 마련이다. 여기에서 제시한 말의 유래도 여러 설說 가운데 하나인 것들도 있다. 말의 역사는 사람의 역사와 많이 닮았다.

 다시보기

서랍 : 혀처럼 쏙 내민 그릇이란 뜻의 설합舌盒에서 유래

장난 : 어지러운 짓을 일으키다는 뜻의 작란作亂에서 유래

얌체 : 부끄러움을 아는 마음이란 뜻의 염치廉恥에서 유래

성냥 : 유황硫黃을 돌[石]처럼 굳혀 불을 붙이는 물건이란 뜻의 석류황石硫黃이 변한 말

긴가민가 : 그런지 그렇지 않은지란 뜻의 기연미연其然未然에서 온 말

호락호락 : 소홀하고 약하다는 뜻의 홀약홀약忽弱忽弱에서 온 말

어영부영御營非營 : 기강이 해이해진 어영청御營廳을 일러 어영은 군대도 아니다[非營]라는 말인 어영비영에서 유래

잘못 알고 쓰는
일본말

　우리나라는 과거 오랜 기간 일제 치하에서 살아온 아픈 역사가 있다. 그 영향은 지금의 언어 사용에서도 나타나고 있는데, 우리말인 줄 알았는데 알고 보면 일본말인 경우가 의외로 많다. 예컨대 일상에서 흔하게 사용하는 우동과 오뎅도 표준어가 아니라 일본말이다. 우동은 가락국수로 오뎅은 생선묵으로 바꾸어야 옳다. 우리말인 줄 알았는데 알고 보니 일본에서 건너온 말을 살펴보겠다.

　먼저 십팔번十八番이라는 말이 있다. 자신이 가장 잘하거나 자랑으로 여기는 재주를 지칭할 때 쓴다. "나의 십팔번은 조용필의 그 겨울의 찻집이야." 등과 같이 말한다. 하지만 십팔번이란 말은 본래 일본의 대중 연극인 가부키歌舞伎에서 나온 말이다. 가부키는 여러 장으로 구성되어 있어서 장이 바뀔 때마다 막간극을 공연했다. 가부키 배우 가운데 한 사람이 단막극 가운데 크게 성공한 열여덟 가지 기예를 정리해서 이를 가부키주하치방歌舞伎十八番이라 했다. '가부키의 명연기 대본 열여덟 가지'라는 뜻이다. 여기에서 십팔번이라는 말이 나왔는데 이 말이 우리나라로 들어온 것이다. 십팔번은 '애창곡'이나 '단골 노래'로 바꾸어 쓰는 것이 좋다.

"이번 영화제에는 기라성 같은 배우들이 다 모였다."

신분이 높거나 권력이나 명예를 가진 사람들이 죽 늘어서 있을 때 '기라성 같다.'는 말을 쓴다. 기라성綺羅星에서 기라綺羅는 곱고 아름다운 비단이란 뜻이다. 하지만 이 말은 반짝이다. 귀하다는 뜻의 일본어 '기라(きら)'의 발음을 그대로 가져온 것이다. 여기에 별 성星을 덧붙였으니 한자의 뜻과는 무관하게 밤하늘에 반짝이는 수많은 별이란 뜻이 되었다. 기라성은 '빛나는 별'로 쓰는 것이 좋다.

촌지라는 말도 일본에서 들어온 말이다. 촌지寸志는 그대로 직역하면 '손가락 마디만 한 뜻'이다. 곧 아주 작은 정성이나 마음의 표시를 뜻한다. 하지만 지금은 촌지의 의미가 바뀌어 뇌물로 주는 금품의 뜻이 되었다. 촌지의 본래 의미는 작은 뜻, 마음의 표시다. 왜곡된 촌지 문화는 바로잡아야 하며,

한자의 쓸모

촌지라는 말은 '작은 정성', '마음의 표시'로 순화해서 써야 한다.

정거장이나 공항, 기차역에는 승객들이 차를 기다리며 쉬는 곳이 있는데 대합실이라고 부른다. 대합실待合室의 사전적 의미는 '공공시설에서 손님이 기다리며 머물 수 있도록 마련한 곳'이다. 한자 뜻으로 풀면 기다리며 만나는 방 정도가 될 듯하다. 대합실 역시 일본의 '마치아이시츠(まちあいしつ)'란 일본말을 들여다 한자어로 바꾼 것이다. 일본에서도 대합실을 '역이나 병원 등에서 시간이나 순번을 기다리는 방'이란 의미로 쓰고 있다. 일본에서는 병원의 로비도 대합실이라 말한다. 우리나라와 일본의 대합실은 용도도 다른데, 굳이 대합실이란 말을 쓸 필요는 없다. 대기실이나 맞이방, 기다림방 정도로 순화해서 쓰는 것이 좋다. 실제로 서울역에서는 '맞이방'이라 쓰고 있다.

직장에서 일을 잘못 처리하면 시말서를 쓰는 일이 많다. 시말서始末書는 일을 잘못한 사람이 그 일의 처음부터 끝까지 진행되어 온 경위를 자세히 적은 글을 말한다. 시말서는 글자 뜻 그대로 일의 처음[始]과 끝[末]을 쓴 글[書]이란 뜻인데 역시 일본식 한자어다. 시말서는 경위서로 순화해서 쓰는 것이 좋다.

우리말을 쓰는 것은 우리의 문화 정체성과 언어의 자주성을 지키는 중요한 방법이다. 외래어를 우리말로 바꾸어 쓰는 것은 우리말의 정체성을 지키고 역사적 상처를 회복하는 의미도 담겨 있다.

 다시보기

십팔번十八番 : '애창곡, 단골 노래'로 순화
기라성綺羅星 : '빛나는 별'로 순화
촌지寸志 : '작은 정성, 마음의 표시'로 순화
기라성綺羅星 : '빛나는 별'로 순화
대합실待合室 : '맞이방, 대기실'로 순화
시말서始末書 : '경위서'로 순화

한자의 쓸모

불교에서 유래한 말

우리나라는 조선 시대 이전까지는 불교를 숭상했다. 인도와 중국을 통해 들어온 한역漢譯 불경이 우리나라에 광범위하게 수용되었으며, 불교는 사람들의 삶과 생활에 깊은 영향을 끼쳤다. 그리하여 지금까지도 우리의 언어 속에는 불교와 연관된 생활어가 많다.

여러 사람이 몹시 떠들썩하고 소란스러울 때 '야단법석野壇法席'이라고 한다. 이 말은 승려가 야외에서 펼치는 설법 강좌에서 나온 말이다. 야단野壇은 바깥에 세운 단壇이며 법석法席은 불법佛法을 펴는 자리다. 승려가 설법할 때 중생들이 너무 많아서 법당 안에 다 들어갈 수 없으면 바깥에 법석을 깐다. 사람이 많다 보니 자연히 소란스럽고 시끄럽다. 석가가 법화경法華經을 설법할 때는 무려 삼백만 명이 몰려들었다고 하니 대단한 야단법석이라 하겠다. 야단법석惹端法席이라고 쓰기도 한다. 이때 야단惹端은 단서를 불러일으킨다는 뜻이다. 불법을 펴는 엄숙한 자리에서 어떤 괴이한 일의 단서를 불러일으켜 매우 소란한 상황이 되었다는 뜻이다.

이판사판理判事判도 승려의 직책에서 유래했다. 승려 가운데 이판승理判僧은 경전을 강론하고 불법을 포교하는 승려다. 사판승事判僧은 절의 잡무를 맡아 산림山林을 꾸려 가는 승려였다. 산림山林은 절의 재산을 관리하는 일이다. 오늘날 한 집안을 꾸려 나가는 일을 의미하는 살림이라는 말은 바로 이 산림에서 나온 것이다. 유교를 숭상하고 불교를 배척했던 조선조에서 승려는 최하 계층에 속했다. 승려는 성안에 드나드는 일조차 금지되었다. 승려가 된다는 것은 인생의 막다른 상황으로 내몰리는 것을 의미했다. 그리하여 막다른 궁지에 몰려 어찌할 수 없게 된 지경에 이르렀을 때, 이판승과 사판승을 합쳐 이판사판理判事判이란 말을 쓰게 되었다. "이젠 이판사판이니 마음대로 해."와 같이 쓴다.

양적, 질적으로 엄청나게 많을 때는 무진장無盡藏이라고 한다. "너는 마음이 무진장 넓구나." 등과 같이 쓴다. 무진無盡은 다함이 없다는 뜻이고 장藏은 창고를 뜻하므로, 무진장은 다함이 없는 창고란 뜻이다. 불교에서 덕이 넓어 다함이 없는 상태를 나타내는 말이다. 불교 경전에서는 가난한 중생을 돕는 것은 무진장을 실천하는 것이라 말하고 있다. 고려 시대에는 고리대금에 시달리는 서민을 돕기 위해 사찰에서 무진장원無盡藏院이라는 금고를 운영하였다.

글자의 뜻과는 관계없이 인도어를 번역하는 과정에서 나온 말들도 있다. 아주 시끄럽거나 심하게 너저분해진 현장을 '아수라장'이라고 한다. 아수라장阿修羅場에서 아수라阿修羅는 인도어인 '아수라(asura)'를 소리 나는 대로 번역한 것으로 '추악하다.'는 뜻이다. 아수라는 고대 인도 신화에 등장하는 나쁜 신神이다. 싸움을 좋아하는 성격이어서 툭하면 싸움을 벌였다고 한다. 하늘과도 싸우는데 아수라가 이기면 가난과 재앙이 찾아온다. 인간이 선행하면 하늘의 힘이 더 세지고 인간들이 나쁜 짓을 저지르면 아수라의 힘이 더 강해진다. 불의가 가득한 세상이 되면 그야말로 아수라가 판을 치는 아수라장이 되는 것이다. 예전 텔레비전 인기 만화였던 「마징가 Z」에서 마징가와 맞섰던 악당이 아수라 백작이었다.

하는 일 없이 빈둥빈둥 놀거나 게으름을 부리는 사람인 건달乾達은 인도어인 '간다르바(Gandharva)'에서 나왔다. 간다르바는 부처가 설법할 때마다 나타나 바른 불법을 찬양하고 불교를 수호하는 음악의 신이다. 술과 고기는 먹지 않고 향기만 맡으며 노래와 춤을 춘다. 간다르바를 한자로 번역하여 건달파乾達婆라 했는데 이로부터 건달이란 말이 생겨났다. 음악의 신이라는 본래 의미는 사라지고 돌아다니며 노래와 춤만 춘다는 이미지만 부각되어 건달의 의미가 되었다.

도저히 벗어날 수 없는 극한 상황에 내몰리게 되었을 때 '나락으로 떨어졌다.'고 한다. 나락奈落 역시 인도어인 '나라카(naraka)'의 발음을 그대로 한자로 옮긴 것이다. 나라카는 지옥의 다른 이름으로 '밑이 없는 구멍'이란 뜻이다. 살아 있을 때 나쁜 죄를 많이 지은 사람이 죽어서 간다는 곳이다. 지금은 지옥의 본래 의미는 사라지고 벗어나기 어려운 절망적인 상황을 뜻하는 말로 쓴다. '절망의 나락에 빠져 슬픔에서 헤어나지 못했다.' 등과 같이 쓴다.

이 외에도 우리가 흔히 쓰는 평등平等, 인상印象, 결과結果, 인연因緣, 미래未來 등 수많은 불교 단어가 일상에 들어와 자연스럽게 생활 언어가 되었다. 종교는 단순히 사상에 영향을 주는 데 머물지 않고 삶과 언어까지 지배한다.

다시보기

야단법석野壇法席, 惹端法席 : 승려가 야외에서 펼치는 설법 강좌에서 나온 말로, 여러 사람이 몹시 떠들썩하고 소란스러울 때를 이름

이판사판理判事判 : 조선시대, 승려가 된다는 것은 인생의 막다른 상황으로 내몰리는 것을 의미했으며, 궁지에 몰려 어찌할 수 없게 된 지경에 이르렀을 때를 말함

무진장無盡藏 : 다함이 없는 창고란 뜻으로 불교에서 덕이 넓어 다함이 없는 상태를 나타내는 말

아수라장阿修羅場 : 인도어인 '아수라(asura)'를 소리 나는 대로 번역한 것으로, 아주 시끄럽거나 심하게 너저분해진 현장을 뜻함

건달乾達 : 음악의 신이라는 본래 의미는 사라지고 돌아다니며 노래와 춤만 춘다는 이미지만 부각

나락奈落 : '나라카(naraka)'의 발음을 그대로 한자로 옮긴 것. 나라카는 지옥의 다른 이름으로 '밑이 없는 구멍'이란 뜻

3장

對

뜻이
대비되는 한자

위와 아래[上下],
사람 위에 사람 없다

사람 위에 사람 없고 사람 밑에 사람 없다는 말이 있다. 인간은 가난한 자와 부유한 자, 귀한 자와 천한 자를 막론하고 모두가 똑같은 생명의 값어치를 지닌다. 하지만 우리 사회는 전통적으로 윗사람에게 아랫사람이 무조건 복종하는 상명하복上命下服의 문화가 있었고 현재까지도 그 흔적은 이어지고 있다. 위계질서를 너무 따지면 창의적인 아이디어나 혁신적인 제안이 억눌리고 아랫사람의 목소리를 제대로 반영하지 못한다.

상上은 '위쪽, 꼭대기, 연장자, 앞'이란 뜻이 있다. 자신보다 등급이 높은 학생은 상급생上級生이고, 높은 계층의 사람들은 상류층上流層이다. 과거에 남자의 머리를 위로 틀어 올린 것을 상투라고 했는데 머리[頭]를 올리다[上]는 뜻의 상두 上頭에서 왔다는 설도 있다.

상上에는 인간의 지위 가운데 맨 위라는 뜻도 있다. 임금님이나 윗사람에게 물건 바치는 것을 진상進上한다고 한다. 윗분에게 바친다는 뜻이다. 상은 '오르다.'는 뜻도 있다. 서울로 올라가는 것을 상경上京이라고 하고, 뭍으로 오르면 상륙上陸한다고 말한다. 실력이 엇비슷하여 우열을 가리기 힘든 상태가 '막상막하莫上莫下'다. 위도 없고 아래도 없다, 곧 어느 것이 낫고 어느 것이 못한지를 가릴 수 없을 만큼 차이가 없다는 뜻이다. 인간의 존엄성도 위아래가 없다면 참 좋을 것이다.

하下는 아래, 밑이란 뜻이다. 흔히 부모끼리 '슬하膝下에 자녀를 몇이나 두셨습니까?'라고 묻는다. 슬하란 무릎[膝] 아래[下]란 뜻이다. 아기들은 잠시도 한눈을 팔 수가 없다. 눈 깜짝할 사이에 사고를 친다. 안전하게 아기를 키우는 좋은 방법은 다리를 오므린 후 무릎 안에서 놀게 하는 것이다. 곧 무릎 아래, 슬하에서 키우는 것이다. 그리하여 부모님 곁을 슬하라고 말하게 되었다.

왕을 가리켜 전하殿下라고 한다. 전하란 임금이 정치하던 궁궐[殿] 아래[下]란 뜻이다. 임금님 이름을 직접 부르는 대

인간은 모두가 똑같은
생명의 값어치를 지닌다.

신에 신하들이 임금보다 아래 있다는 뜻을 표현했다. 편지글에서 보내는 사람 이름 뒤에 쓰는 귀하貴下란 말은 귀한 사람[貴] 아래[下]에 있다는 뜻으로 상대편을 높이는 호칭이다. 우두머리의 지휘 아래 있으면 휘하麾下라고 한다. 휘麾는 대장을 상징하는 대장기를 뜻한다. 전쟁하던 시절에 대장의 깃발[麾] 아래[下]에서 지휘를 받는 것을 나타냈다. "이순신 장군 휘하에 수많은 병사가 모여들었다." 등과 같이 쓴다.

 다시보기

상上 : 위쪽, 맨 위, 연장자, 오르다
　　　* 상급생上級生, 상류층上流層, 진상進上, 상경上京, 막상막하莫上
　　　莫下

막상막하莫上莫下 : 위도 없고 아래도 없다는 뜻으로 어느 것이 낫고 못한지 가릴 수 없을 만큼 차이가 없다는 의미

하下 : 아래, 밑
　　　* 슬하, 전하殿下, 휘하麾下

슬하膝下 : 무릎[膝] 아래[下]. 부모님이 자식을 무릎 아래에서 놀게 하며 키운 데서 부모 곁이란 뜻이 생김

전하殿下 : 궁궐[殿] 아래[下]. 신하들이 임금보다 아래 있다는 데서 왕을 높이는 뜻이 생김

휘하麾下 : 대장의 깃발[麾] 아래[下]에서 지휘를 받는 데서 장군의 지휘 아래라는 뜻이 생김

왼쪽과 오른쪽[左右],
새는 좌우의 날개로 난다

"왼손으로 글을 써선 안 된다."

왼손잡이들이 귀가 따갑도록 듣는 말이다. 왼손잡이들은 어릴 때부터 오른손으로 바꿔 밥을 먹거나 글씨를 쓰는 훈련을 한다. 왼손을 사용하는 것은 잘못된 습관이니 고치라고 교육받았다.

왼손의 반대는 오른손이다. 오른손은 바른 손이라고도 부른다. 그런데 바른 손의 '바른'은 '그른'과 반대어다. 실제로 왼손의 '외다'에는 '그르다.'는 뜻도 있다. 곧 왼손은 잘못된 손, 오른손은 올바른 손이 되고 만다.

왼쪽과 오른쪽을 각기 좌우左右라고 한다. 왼 좌左와 오른 우右는 본래 똑같이 '돕는다.'는 뜻에서 나왔다. 좌左는 손을 뜻하는 또 우又와 공구를 뜻하는 공工이 합쳐져, '손에 공구를 들고 일하다.'는 뜻이었다. 반면 오른 우右는 우又와 입을 뜻하는 구口가 합쳐져, '손과 입이 서로 돕다.'는 뜻을 지녔다. 그런데 어느 사이 오른손은 바른 손, 왼손은 그른 손이 되어 버렸다. 전통적으로 동양에서 오른쪽은 귀하고 높은 쪽, 왼쪽은 천하고 낮은 쪽으로 생각해 온 탓이다.

왼쪽을 뜻하는 좌左가 들어가면 좋지 못한 뜻이 많다. 전보다 못한 자리로 쫓겨나거나 지위가 내려가는 것을 좌천左遷이라고 한다. 좌천은 '왼쪽으로 옮기다.'는 뜻이다. 예전 경복궁을 드나들 때 오른쪽 문인 영추문迎秋門은 고급 관리나 양반이 드나들었고, 왼쪽인 건춘문建春門은 중간 관리 이하가 걸어 다녔다. 조정에서도 높은 관리는 오른쪽에서 임금님을 모셨고, 하급 관리는 왼쪽에 섰다. 곧 좌천은 지위를 왼쪽으로 옮기는 것이며 이는 강등을 의미하는 것이었다. 올바른 도리는 우도右道라고 했고 옳지 못한 행동이나 잘못된 이치는 좌도左道라 했다.

하지만 조선 시대 영의정과 더불어 삼정승의 하나였던 좌의정左議政은 우의정右議政보다 높았다. 우의정에서 승진하게 되면 좌의정이 되었다. 이는 음양론과 관계 깊다. 일반적으로 왼쪽은 동쪽이고 오른쪽은 서쪽이다. 음양陰陽의 이치에 의하면 동쪽이 양陽이고 서쪽은 음陰이다. 그래서 동쪽에 해당하는 좌의정을 더 높게 생각하게 되었다.

좌와 우의 대립은 오늘날 좌익左翼과 우익右翼의 갈등으로 상징된다. 글자 그대로 풀면, 좌익은 '왼쪽 날개', 우익은 '오른쪽 날개'라는 뜻이다. 이 말의 유래는 18세기 말 프랑스로 거슬러 올라간다. 당시 프랑스에서는 낡고 부패한 봉건 제도를 깨뜨리고 노동자와 농민을 위한 체제로 개혁하려는 프랑스 혁명이 성공했다. 이후 프랑스는 봉건제에서 자본주의 체제로 변모를 시도했다. 이때 의회에선 의장을 중심으로 왼쪽 자리에는 급진 개혁을 추구하는 자코뱅당이, 오른쪽 자리에는 보수적인 지롱드당이 자리했다. 이로부터 새의 왼쪽과 오른쪽 날개에 비유하여, 진보적인 정치 노선을 추구하는 사람들을 좌익이라 하고, 보수적인 노선을 추구하는 사람들을 우익이라고 부르게 되었다. 특히 남북 분단의 대치 상황이 이어지고 있는 우리 사회에는 좌익이라는 말이 그 실제적 의미와 무관하게 매우 부정적인 의미로 쓰이면서 정치적으로 악용되는 일이 많다.

하늘을 나는 새는 한쪽 날개로만 날지 못한다. 왼쪽과 오른쪽, 양쪽 날개가 서로 조화를 이룰 때 더 높이 더 멀리 난다. 인간 사회도 마찬가지로 왼쪽과 오른쪽이 조화를 이룰 때 더 수준 높은 사회로 향할 수 있다.

다시보기

좌左 : 왼쪽. 전통적으로 왼쪽은 천하고 낮은 쪽, 그른 방향이라 여김

　＊ 좌천左遷, 좌도左道, 좌익左翼

우右 : 오른쪽. 전통적으로 오른쪽은 높은 쪽, 올바른 방향이라 여김

　＊ 우도右道, 우익右翼

안쪽과 바깥쪽[內外], 안과 밖은 연결되어 있다

겉으로 보기엔 부드러우나 속은 꿋꿋하고 강한 사람을 외유내강外柔內剛이라고 한다. 반대로 안으로는 부드럽지만, 겉모습은 강한 사람은 내유외강內柔外剛이라고 한다. 사람 속은 아무도 모른다. 열 길 물속은 알아도 한 길 사람 속은 모르는 법이다. 또 사물의 안도 잘라 보기 전에는 알 수가 없다. 겉모습만 보고 손쉽게 판단하다가는 진실을 보지 못한다.

안과 밖을 내외內外라고 한다. 내內는 안이나 속을 뜻한다. 속에 입는 옷은 내복內服이고 방 안은 실내室內라고 한다. 속마음이 착한 사람에겐 '내면內面이 아름답다.'고 말한다. 겉으로 드러나지 않는 일의 속사정은 내막內幕이라고 한다. 어떤 일의 실상을 파헤치면 '사건의 내막內幕을 밝힌다.'

고 말한다. 내막에서 막幕은 연극에서 무대와 객석 사이를 가리는 천막이다. 천막을 가리게 되면 천막 안에서 무슨 일이 일어나는지 관객은 알 수 없다. 그래서 밖에서는 알 수 없는 안의 속사정을 내막이라고 부르게 된 것이다.

반면 외外는 겉, 바깥이란 뜻이다. 어떤 분야에 깊은 지식이나 이해가 없는 사람, 혹은 아무런 관계가 없는 사람을 문외한門外漢이라고 한다. 어떤 분야에 대해 전혀 알 수가 없으면 "나는 그 일에는 문외한이라서 잘 모르겠는걸."이라고 말한다. 문외한이란 문밖[門外]에 있는 사람[漢]이라는 뜻이다. 여기서 문門은 분야, 전문의 뜻이다. 문외한은 아직 문안에 들어가지 못하고 문밖에 있는 상태이니 어떤 분야에 대해 제대로 알고 있지 못하는 사람을 뜻하게 된다. 또 문안에 있으면 나와 깊은 관계를 맺고 있는 사람이 되고 문밖에 있는 사람은 나와는 아무런 상관이 없는 사람이 되므로 어떤 일에 직접 관계가 없는 사람이라는 뜻도 있다.

우리 사회는 안과 밖을 엄격하게 구분해 놓고 밖에 대해서는 배척의 시선을 두는 경향이 있다. 선조들은 외국인外國人과 외부인外部人을 위험한 존재로 바라보았다. 그래서인지 바깥 외外가 들어가면 남, 혹은 '소홀히 하다.'는 뜻을 가진다. 어머니의 친정을 외가外家라 부르고 그 친척들을 외척

外戚이라고 부른다. 아버지의 가계家系를 중심으로 어머니의 가계는 바깥에 있다는 뜻을 외外 자에 담아 가족이 아니라는 뜻을 은근히 드러냈다. 명절이나 잔치가 있으면 친척들은 모두 모이지만 외가는 쉽사리 참여하지 못했다. 외가는 친척이 아니라 인척姻戚이라 불렀다. 남성 중심의 질서를 갖고 있었던 전근대 사회가 만들어낸 관습이다. 이제 가부장제는 사라져가고 남녀평등의 인식이 퍼지면서 이런 사고와 관습은 줄어들고 있으나 언어적으로는 남아 있다.

밖의 것은 낯설다. 그러나 낯선 것은 익숙하지 않은 것일 뿐 잘못된 것이 아니다. 오히려 진짜 위험은 내부에 있다. 장자는 "천지는 나와 한 뿌리이고, 만물은 나와 한 몸"이라고 하여 자연과 인간, 안과 밖은 하나로 연결되어 있다고 보았다. 안과 밖의 경계를 허물고, 밖의 것을 이해의 시선으로 수용할 때 공존과 조화의 세상이 이루어진다.

안과 밖의 경계를 허물고,
밖의 것을 수용할 때
공존과 조화의 세상이 이루어진다.

내內 : 안이나 속을 뜻함

 * 내복內服, 실내室內, 내면內面, 내막內幕

내막內幕 : 무대와 객석 사이의 천막[幕]을 가리면 안에서 무슨 일이
  일어나는지 알 수 없다는 데서 속사정이라는 뜻이 생김

외外 : 겉, 바깥을 뜻함. 바깥을 경계의 시선으로 바라보는 데서 남이
  라는 뜻도 생김

 * 문외한門外漢, 외국인外國人, 외부인外部人, 외가外家, 외척外戚

문외한門外漢 : 문밖[門外]에 있는 사람[漢]. 문門은 분야, 전문이라는
  뜻으로 어떤 분야에 대해 제대로 알지 못하는 사람을 의미

동쪽과 서쪽[東西], 달마는 동쪽으로, 손오공은 서쪽으로 간 까닭

동양과 서양에는 공통으로 용이 나온다. 둘은 뱀이나 도마뱀을 닮았다는 점에선 공통점도 있지만, 차이가 크다. 동양의 용은 턱밑에 신비한 조화를 부리는 여의주가 있으며 비늘로 덮여 있다. 낙타의 머리에 사슴의 뿔을 달고, 토끼의 눈에 사슴의 귀를 가졌다. 반면 서양의 용은 동양의 용과 달리 날개가 있으며 입에서 불을 뿜는다. 동양의 용은 신령한 존재로 인식되어 제왕의 힘을 상징했지만, 서양의 용은 공포와 두려움을 주는 존재였다. 서양에서 뱀은 사탄의 이미지였기에 그와 닮은 용은 악의 상징으로 자리매김해 왔다. 동양과 서양의 문화 차이와 세계관의 다름은 같은 존재에 대해서 서로 다른 상징과 이미지를 만들어 왔다.

동東은 동쪽을 뜻한다. 동쪽은 해가 뜨는 곳이다. 해가 뜨는 곳은 따뜻한 바람이 분다. 일명 샛바람으로 불리는 봄바람을 동풍東風이라고 부른다. 선조들은 동쪽에 창문을 내어 따뜻한 햇볕이 들어오도록 했다. '동창東窓이 밝았느냐 노고지리 우지진다.'라는 시조가 그래서 나왔다. 또한, 동쪽은 근본이 되는 방향이다. 그리하여 집의 주인은 동쪽에 머물고 손님은 서쪽에 모시도록 했다. 이와 같은 의례는 오늘날에도 적용되고 있다. 흔히 사위를 서방西房이라고 불렀는데 백년손님인 사위를 서쪽 방에 머물게 한 데서 유래했다. 왕세자나 태자를 '동궁東宮 마마'라고 불렀는데 장차 주인이 될 세자가 거처하는 궁을 궁궐 안의 동쪽에 둔 데 있다.

예전에 우리나라는 동국東國 혹은 해동海東으로 불렸다. 우리나라가 중국에서 보았을 때 동쪽에 자리한 까닭이다. 해동은 중국인들이 우리나라를 '발해渤海의 동쪽 나라'라는 뜻으로 붙인 이름이다. 고구려 유민인 대조영이 세운 발해는 그 당시 고구려 땅과 만주 · 연해주를 포괄하는 일대에 자리 잡고 있었다. 우리나라 시조를 모은 노래 모음집에 『해동가요海東歌謠』라는 책이 있다. 동국이라는 명칭 역시 중국에 대하여 '동쪽 나라'라는 뜻이다. 고려말 이규보의 『동국이상국집東國李相國集』은 '동쪽 나라[고려]의 재상[相國] 이규보의 문집'이라는 뜻이다.

중국은 우리나라를 동방東方이라고도 했다. 동방예의지
국東方禮義之國이란 중국인들이 자신을 기준으로 '동쪽 지
방', 곧 우리나라를 말한 것이다. 동방은 동양東洋을 뜻하기
도 했는데 이탈리아 여행가인 마르코 폴로가 쓴 『동방견문록
東方見聞錄』은 '동양을 보고 들은 기록'이라는 뜻이다. 동양
東洋이란 말은 본래 중국에서 나왔다. 중국은 자신을 세계의
중심이라 생각해 스스로 중심의 문화란 뜻인 중화中華라 일
컬었다. 원나라 때는 중국을 기준으로 동쪽 바다 나라들을 가
리켜 동양東洋이라 했는데 지금은 아시아 전체를 가리키는
말로 확장되었다.

동양과 대비되는 서양西洋 역시 중국에서 만들어낸 말이
다. 본래 서양은 중국을 기준으로 서쪽 바다에 있던 나라, 곧
인도를 포함한 나라들을 의미했다. 인도는 불교가 전해 내려
온 곳이다. 그래서 서쪽은 부처가 사는 세계를 상징하게 되었
다. 불교 세계의 다른 말인 서방정토西方淨土라든가 서역西
域이란 말은 이로부터 나왔다. 옛사람들이 달을 보고 소원을
빈 것은 밤새 서쪽으로 이동하는 달이 부처가 있는 서방정토
로 간다고 믿고 자신의 소원을 부처께 전해 주기를 기도한 것
이다. 삼장법사와 손오공, 사오정, 저팔계가 등장하는 『서유

기西遊記」는 '서쪽으로 여행한 기록'이란 뜻이다. 왜 삼장법
사와 손오공은 서쪽으로 갔을까? 서쪽에 인도[천축국]가 있
었기에 인도에 가서 불경을 가져오려 한 것이다. 인도의 승려
인 달마 대사는 불교를 중국에 전파하기 위해 동쪽 중국으로
갔고, 삼장법사는 불경을 구하기 위해 서쪽 인도로 갔다.

지금은 서양을 줄여서 양洋이라고도 한다. 서양 제품을
취급하던 가게는 양행洋行이라 했으며, 정장으로 입는 양복
洋服은 서양 옷이란 뜻이다. 올림픽에서 최고의 성적을 거두
는 양궁洋弓은 '서양의 활쏘기'란 뜻이다. 양궁이 서양식 활
쏘기라면 우리 고유의 활쏘기는 국궁國弓이라고 한다. 양말
洋襪은 '서양 버선'이란 뜻이다. 수박은 한자로 서과西瓜라
한다. 서양에서 들어온 품종이기 때문이다.

과거 서양은 자신들의 관점에서 동양을 열등하고 미개한
곳으로 바라보는 오리엔탈리즘을 합리화하며 자신들의 제국
주의와 식민주의를 정당화하는 명분으로 삼아왔다. 그러나
모든 민족의 전통과 문화는 고유한 독자성을 지닌다. 문화 간
진정한 이해와 존중을 바탕으로 동양의 지혜와 서양의 기술
이 서로의 거울이 되어 서로를 비추어 줄 때 세계는 한층 더
나은 곳이 될 것이다.

다시보기

동국東國, **해동**海東 : 과거 우리나라를 일컫는 이름. 중국을 기준으로 우리나라가 동쪽에 자리한 데서 유래

동궁東宮 : 세자. 주인이 될 세자가 거처하는 궁을 궁궐 안의 동쪽에 둔 데서 유래

동양東洋 : 중국을 기준으로 동쪽 바다의 나라들을 뜻했으나 현재는 아시아 전체를 가리키는 말로 확장

서역西域 : 과거엔 중국을 기준으로 서쪽 지역에 있던 인도를 의미. 서방정토西方淨土

서양西洋 : 본래는 중국을 기준으로 서쪽 바다에 있던 나라들을 의미했으나 현재는 동양과 대비하여 유럽 대륙과 북아메리카 여러 나라를 이르는 말로 쓰임

봄과 가을[春秋],
봄의 설렘과 가을의 잔잔함

"춘추春秋가 어떻게 되시나요?"

어른들의 나이를 물을 때는 춘추라는 말을 쓴다. 춘추는 나이를 높여 부르는 말이다. 춘추에는 나이라는 뜻 외에도 일 년이라는 뜻도 있고 역사라는 의미도 있다. 어째서 봄과 가을 이 여름과 겨울을 밀쳐내고 계절을 대표하게 되었을까?

음양의 이치에 따르면 여름은 성장의 계절이지만 그 기세 가 너무 등등하고 겨울은 성장이 멈추는 계절이다. 반면 봄은 만물이 시작하는 가능성의 계절이며 가을은 결실과 성숙의 계절이다. 따라서 봄과 가을은 일 년을 대표하는 계절로 생각 되었으며 이로부터 나이의 존칭어로 쓰이게 되었다.

봄 춘春은 따사로운 태양[日]을 받으며 풀[艸]이 대지 위로 솟아나는 모습을 나타냈다. 온갖 생명이 활기차게 움직이며 생기를 더해 가는 때다. 청소년 시기를 청춘靑春이라 부르는 건 봄의 역동성과 푸름이 젊은 나이를 떠올리기 때문이다. 사춘기思春期의 춘春은 춘기春機로서 이성을 그리워하는 마음이다.

한편 가을 추秋는 가을에 농작물에 피해를 주는 메뚜기를 잡기 위해 불을 피운 모습을 나타낸 글자다. 음력으로 7, 8, 9월이 가을에 해당하는데 7월은 매미의 달이라는 뜻으로 선월蟬月이라 하며, 8월은 중추仲秋, 9월은 국화의 달이라 해서 국월菊月이라 부른다.

가을 하늘은 매우 높고 가을 호수는 아주 잔잔하다. '가을 물결'이란 뜻의 추파秋波는 가을철의 은은하고 맑은 물결을 이르는 말이다. 사랑의 정을 보여주는 아리따운 여자의 눈짓 또한 은은하다. '추파를 던지다.'라는 말은 이성의 마음을 끌기 위해 은근히 보내는 유혹의 눈길이다.

특히 가을은 계절의 으뜸이라서 '한 해'라는 뜻도 있다. 사랑하는 사람을 몹시 애태우며 기다릴 때 '일일여삼추一日如三秋'라고 말한다. '하루가 삼 년 같다.'는 뜻이다. 또 아주 오랜 세월은 천추千秋라 한다. 오랫동안 맺힌 한이 풀리지 않을 때 '천추의 한이 된다.'고 말한다.

한편으로 가을이 되면 짐승들은 겨울을 나기 위해 털갈이를 한다. 가을의 털은 아주 가늘고 촘촘하다. "추호도 거짓말 해서는 안 돼." 할 때의 추호秋毫가 가을 터럭이라는 뜻이다. 지극히 가늘어진 가을 터럭처럼 '몹시 적음'을 비유하는 말이다. "그럴 생각은 추호도 없었어."라는 말은 그럴 생각이 아주 조금도 없었다는 뜻이다.

그렇지만 무서운 가을도 있다. 추상秋霜은 가을의 서리이다. 가을의 찬 서리는 농작물과 풀, 나무엔 무서운 존재다. 예고도 없이 위엄 있고 당당한 모습으로 찾아와 생명체를 주눅 들게 만든다. "선생님께서 추상같은 불호령을 내리셨어." 라고 말하는데, 호된 꾸중을 했다는 의미다. 가을바람도 만만치 않다. 추풍낙엽秋風落葉은 가을바람의 낙엽처럼 어떤 상태가 힘없이 흩어지거나 형세가 기울어지는 모양이다.

봄은 새로운 시작과 변화의 아름다움에 대해 생각하게 하고, 가을은 아름다운 쇠락과 열매를 떠올리게 한다. 봄이 설렘이라면 가을은 성숙함이다.

다시보기

춘春 : 봄. 따사로운 태양[日]을 받으며 풀[艸]이 대지 위로 솟아나는 모습.

    ＊ 춘추春秋, 청춘靑春, 사춘기思春期

추秋 : 가을. 메뚜기를 잡기 위해 불을 피운 모습

    ＊ 추파秋波, 일일여삼추一日如三秋, 천추千秋, 추호秋毫, 추상秋霜,

    추풍낙엽秋風落葉

추파楸坡 : 가을의 잔잔한 물결처럼 은근히 보내는 눈짓

추호秋毫 : 털이 가늘어지는 가을 터럭처럼 매우 조금을 비유

추상秋霜 : 가을에 내리는 서리처럼 당당한 위엄이나 엄함을 비유

금, 은, 동[金銀銅],
은과 동에도 똑같은 땀의 무게가

"아무도 2등은 기억하지 않습니다."

예전 모 기업의 광고 문구다. 세상은 때로는 2등도 기억하지 않는다. 금메달을 딴 선수에겐 열광하지만, 은메달이나 동메달을 딴 선수는 작게 조명한다. 1, 2, 3등의 실력 차는 미미하지만, 사람들은 금빛 색깔만 열광한다. 금뿐만 아니라 은과 동에도 똑같은 땀의 무게가 담겨 있음을 기억해야 한다.

금金은 쇠 혹은 금이라는 뜻이다. 사람의 성씨로 쓸 때는 '김'으로 읽는다. 금은 아주 단단하다. 그래서 아주 굳세고 단단한 우정을 금석지교金石之交라고 한다. 또 금金 자는 피라미드 모양처럼 생겼다. 흔히 길이 전할 만한 불멸의 업적을 쌓은 사람에게 '금자탑金字塔을 쌓았다.'고 말한다. 금자탑은 금[金]이라는 글자[字] 모양의 탑[塔]이라는 뜻이다. 곧 금자탑은 모양이 금金 자처럼 생긴 피라미드(Pyramid)를 가리키는 말이다. 이집트 피라미드는 金 자처럼 생겼다. 피라미드는 평균 2.5톤의 거대한 돌들을 약 230만 개에서 250만 개 정도 쌓아 올린 건축물이다. 오천여 년의 세월이 흐른 오늘날에도 그 거대함은 사뭇 불가사의하다. 기중기나 지게차가 없던 옛날에 피라미드를 어떻게 쌓았는지는 수수께끼 같다. 이처럼 역사에 오랫동안 남을 신비한 피라미드의 모습에서 '후세에까지 길이 빛날 업적'이라는 금자탑의 뜻이 생겨났다.

은銀은 눈의 흰자위 색깔과 같다고 해서 만든 글자다. 금金 자 옆에 있는 '어긋날 간艮'은 본래 눈을 뜻하는 글자였다. 돈을 보관하거나 찾는 곳은 은행銀行이라고 한다. 금도 있고 돈 전錢이란 글자도 있는데 왜 하필 은행이란 이름을 붙였을까? 이 말이 등장한 고대 중국에서는 은을 중심으로 물물거래를 했다. 고대 중국에서는 한때 지폐나 동전이 아닌 금이나 은을 중심으로 물물 교환을 했다. 그런데 금보다는 은이 더 많이 생산되고 더 폭넓게 이용되었다. 곧 당시 화폐의 역할을 했던 은을 보관해 주던 가게라는 뜻에서 은행이란 말을 쓰게 되었다. 중국에서 태평천국의 난이 일어났을 때 '은행銀行을 부흥시키자.'며 개혁을 펼쳤는데 이때 은행이란 단어가 우리나라에 들어와 쓰이게 되었다고 한다. 은행銀行의 행行은 죽 늘어선 가게들이란 뜻이다. 본래 가게를 뜻할 때는 '항'이라고 읽어야 하는데 은행이란 말로 굳어져 쓰이게 되었다. 밤하늘에 펼쳐져 있는 은하수銀河水는 '은빛으로 빛나는 강물'과 같다고 해서 붙인 이름이다. 은장도銀粧刀는 칼자루와 칼집을 은으로 장식한 칼이다. 피겨 스케이팅 선수를 '은반銀盤의 요정'이라고 말한다. 은반이란 은[銀]으로 만든 쟁반[盤]이란 뜻인데 맑고 깨끗한 빙판을 은반으로 비유한 것이다.

동銅은 구리란 뜻이다. 색깔이 금[金]과 똑같은[同] 금속이란 뜻에서 동銅이라고 한다. 훌륭한 인물을 기려 만든 동상銅像은 구리로 만든 사람의 형상이란 뜻이다. 십 원이나 백 원짜리를 동전銅錢이라 하는데, 구리로 만든 돈이란 뜻이다. 한국의 동전은 구리를 주요 성분으로 하고 니켈이나 아연 등을 섞어 만들었다. 천 원이나 만 원과 같이 종이로 만든 돈은 지폐紙幣라고 부른다.

오늘날 금은 단순히 귀금속을 넘어 부와 권력의 상징이 되었다. 부유한 가정에서 태어난 사람은 금수저라 부르고 일정한 경제적 여유를 갖춘 사람들은 은수저, 일반적인 서민층은 동수저라 부른다. 빈곤하고 가난한 환경의 사람들은 흙수저라 부른다. 인간의 가치를 물질적 조건으로 환산하는 사회

한자의 쓸모

에서 대다수 인간은 소외와 상대적 박탈감을 경험하며 살아
가며 사회적 약자는 더욱 소외된다. 인간은 소유가 아닌 존재
로서 평가받아야 하며, 물질적 성공에 의한 구별이 아닌 상호
존중과 도덕적 책임을 바탕으로 사회적 관계를 재구성해야
한다.

 다시보기

금金 : 쇠 혹은 금. 불변하는 것을 의미. 성 씨로 읽을 때는 '김'으로 발음
    ＊ 금석지교金石之交, 금자탑金字塔

은銀 : 은. 은이 눈의 흰자위 색과 같다고 하여 만든 글자
    ＊ 은행銀行, 은하수銀河水, 은장도銀粧刀, 은반銀盤

동銅 : 구리. 색이 금[金]과 똑같은[同] 금속이란 뜻
    ＊ 동상銅像, 동전銅錢

길고 짧음[長短],
길고 짧은 것은 대봐야 안다

"남의 단점을 말하지 말고 자기의 장점을 이야기하지 마라[無道人之短, 無說己之長]."

사람은 자신의 단점은 감추고 싶어 하면서 남의 단점은 사소한 것도 흉을 본다. 남의 장점은 애써 외면하면서 자기 장점은 어떡하든 드러내고 싶어 한다. 자신을 드러내기보다 남을 세워 주고 남의 단점을 들추기보다 나의 단점을 고치기란 쉽지 않다.

장長은 장점이라는 뜻 외에 '우두머리, 연장자'라는 뜻이 있다. 단체나 모임의 우두머리를 장長이라고 한다. 한 가정을 책임지는 우두머리는 가장家長이고 학교의 책임자는 교장校長이다. 학교의 반을 책임지는 사람은 반장班長이다. 인터넷에서 즐겨 쓰는 '짱'이라는 속어는 장長이 된소리화된 말이다. 나이가 지긋하고 덕이 높은 사람은 장로長老라고 하는데 이 말은 요즘 교회의 특정 직분을 가리키는 말로도 쓰고 있다.

장長이 동사일 때는 '길다, 오래되다.'는 뜻이다. 무릎까지 올라오는 긴 신발은 장화長靴고 길게 기른 머리카락은 장발長髮이다. 오래 사는 것은 장수長壽다. 특히 사물들 가운데 오래도록 죽지 않고 장수를 누리는 열 가지 대표 사물을 십장생十長生이라고 한다. 해[日] 와 달[月], 산[山]과 물[水], 대나무[竹]와 소나무[松], 거북[龜]과 학[鶴], 사슴[鹿] 그리고 불로초[不老草]가 여기에 해당한다.

한편 길게 줄지어 늘어선 모습은 장사진長蛇陣이라고 한다. "백화점 앞에 사람들이 장사진을 치고 있다." 등과 같이 쓴다. 장사진은 본래 긴 뱀처럼 늘어선 전법이란 뜻이다. 긴 뱀을 뜻하는 장사長蛇는 본래 전설에 등장하는 긴 뱀이다. 맹독을 가졌는데, 적이 머리를 치려고 하면 꼬리로 공격하고 몸통을 공격하면 머리와 꼬리 양쪽을 이용해 공격했다고 한다. 『손자병법』의 손자가 이 뱀의 행동을 응용하여 장사진長蛇陣이란 전법을 만들었다. 후에 긴 뱀의 모습처럼 사람들이 길게 늘어선 줄이란 뜻으로 사용하게 되었다.

석가모니는 보통 사람과 달리 혀가 아주 길었다고 한다. 이를 장광설長廣舌이라고 한다. '길고 넓은 혀'란 뜻이다. 석가는 혀가 길고 넓어서 한번 혀를 길게 내밀면 혀끝이 머리카락까지 닿았다고 한다. 코를 덮을 정도의 긴 혀를 가진 사람들은 거짓말을 하지 못했다고 한다. 그리하여 장광설은 애초에 진실한 말을 하는 사람들을 의미했다. 오늘날엔 길고 줄기차게 잘 늘어놓는 말솜씨나 쓸데없이 장황하게 늘어놓는 말을 뜻한다.

장長의 반대말은 짧을 단短이다. 짧은 머리카락을 단발短髮이라고 하고, 길이가 짤막한 칼을 단도短刀라고 한다. 짧은 것은 모자란 것이다. 그래서 단短에는 '모자라다, 단점'이란 뜻이 있다.

"한 자의 길이도 짧을 때가 있고, 한 치의 길이도 길 때가 있다[尺有所短, 寸有所長]."라는 말이 있다. 한 자는 약 30cm이고 한 치는 10분의 1인 3cm다. 긴 자가 어떤 조건에서는 짧기도 하고, 고작 한 치도 조건에 따라 길다고 평가받을 때가 있다. 물건은 용도에 따라 가치가 있을 때도 있고, 없을 때도 있다. 마찬가지로 아무리 단점이 많아 보이는 사람도 어떤 상황에선 매우 쓸모가 있다. 단점만 있는 사람은 없다.

한자의 쓸모

다시보기

장長 : 장점, 우두머리, 연장자, 길다, 오래되다

    ＊ 가장家長, 교장校長, 장로長老, 장화長靴, 십장생十長生, 장사진

    長蛇陣, 장광설長廣舌

단短 : 단점, 짧다, 모자라다

    ＊ 단발短髮, 단도短刀

"남의 단점을 말하지 말고
자기의 장점을 이야기하지 마라.
[無道人之短, 無說己之長]."

출입出入,
나가고 들어가는 지혜

사람은 나고 들 때를 잘 알아야 한다. 깜냥도 안되면서 무작정 나섰다간 뒷감당이 힘들어진다. 나가고 들어가는 것이 출입出入이다.

출出은 '나가다, 나타나다.'는 뜻이다. 집을 나가면 가출家出이고, 속세를 떠나 불교에 귀의하는 것은 출가出家다. 여자가 다른 곳으로 시집가는 것도 출가出嫁라 하는데, 여기서 가嫁는 '시집간다.'는 뜻이다. 사회적으로 크게 지위가 오르거나 유명해지면 '출세出世했다.'고 하는데 명성이 세상에 나타난다는 뜻이다. 이 말은 본래 불교에서 나왔다. 출세본회出世本懷라 하여 세상에 나타나 많은 사람을 교화시키고 중생들에게 도움을 주는 것을 의미했다. 또 출세간出世間이라

하여 세속을 떠나 머리를 깎고 승려가 된다는 뜻도 있었다. 지금은 사회적으로 크게 성공한다는 뜻으로 쓰고 있다.

출마出馬는 선거에 입후보하는 것이다. 출마는 '말을 타고 나가다.'는 뜻이다. 전쟁 상황에서 병사가 말에 올라타 전투에 나가는 것을 가리켰다. 말을 타고 전쟁터로 나가는 것은 돌아올 기약이 없다. 꼭 붙는다는 보장도 없이 선거에 나가는 후보자의 심정과 비슷하기에 정치적 의미로 확장되었다.

제자가 스승보다 뛰어난 것을 청출어람青出於藍이라 한다. 람藍은 쪽빛이다. 푸른색은 쪽빛에서 나왔다는 뜻이다. 파란색은 쪽이라 불리는 풀에서 나왔다. 그렇지만 그 색은 원료인 쪽빛보다 더 선명하고 푸르다. 마찬가지로 제자는 스승을 통해 배우지만 스승보다 더 뛰어난 성취를 이루기도 한다.

입入은 '들다, 들어가다.'는 뜻이다. 아이를 양자로 들이는 것은 입양入養이고 먼저 들어와 이미 자리 잡은 생각은 선입견先入見이다. 선입견은 상대를 충분히 알지도 못하면서 짧은 견문으로 평가하는 것이기에 위험한 태도다. 공개 모집에 응해 당선되면 입상入賞을 하거나 입선入選을 한다. 입상入賞은 상을 타는 등수에 들어가는 것이고 입선入選은 응모한 작품이 뽑히는 범위 안에 들어가는 것이다. 곧 입상入賞은 상을 받는 것이고 입선入選은 심사에서 뽑히는 것이라는 점에서 차이가 있다.

출장입상出將入相이란 말이 있다. 전쟁 시에는 전쟁터에 나아가 장수가 되고, 평화로울 때는 조정에 들어와 재상이 된다는 뜻이다. 유교 문화권에서 문文과 무武를 두루 갖춘 이상적인 관리나 지도자의 모습이다. 내가 어느 자리에 서 있든지 간에 그 조건에서 성실하게 살아가면서 세상에 보탬을 주는 것이 진정한 출세出世의 의미다.

 다시보기

출出 : '나가다. 나타나다.'는 뜻
　　＊ 출입出入, 가출家出, 출가出家, 출세出世, 출마出馬, 청출어람靑出於藍

입入 : '들다. 들어가다.'는 뜻
　　＊ 입양入養, 입선入選, 선입견先入見, 출장입상出將入相

촌寸, 척尺, 장丈,
어느 것이 더 길까?

길이의 단위에는 촌寸, 척尺, 장丈이 있다. 촌寸은 본래 마디란 뜻이다. 손목 아래 2~3센티미터 되는 곳을 나타내 '짧다, 마디'란 뜻을 갖게 되었다. 그래서 친족 간의 멀고 가까운 정도를 나타내는 것을 촌수寸數라고 한다. 길이의 단위로 쓰일 때는 '치'라고 부른다. 약 3센티미터에 해당한다. 촌寸이 열 배면 척尺이 된다. 즉 10촌이 1척이 된다. 약 30센티미터에 해당하는데 우리말로 '자'라고 부른다. 그래서 길이나 각도를 재는 데 쓰는 도구인 '자'는 일반적으로 30센티미터를 기준으로 한다.

그런데 길이의 단위는 시대마다 조금씩 변해왔다. 조선시대 초까지 1척은 32.2센티미터였으나 이후 조금씩 바뀌어

구한말 이후에야 지금의 30센티미터로 바뀌었다.

척尺이 열 배면 장丈이 된다. 장丈은 보통 어른이라는 뜻
으로 쓰인다. 노인 어른을 높여 노인장老人丈이라 하고 건
장한 큰 어른 남자를 대장부大丈夫라고 부른다. 주인장主人
丈은 주인을 높이는 말이고 남의 아버지를 높일 때는 춘부장
椿府丈이라 한다. 장丈이 길이의 단위로 쓰이면 대략 어른의
키 정도를 의미한다. 순우리말로는 '길'이라고 한다. '열 길 물
속은 알아도 한 길 사람 속은 모른다.'고 할 때의 '길'이 바로
장丈을 말한 것이다. 1척尺의 열 배면 약 3미터 정도가 될 터
인데, 어른의 키로 사용하고 있으니 실제 길이와는 차이가 있
는 셈이다.

슬픔이나 고통이 너무 지극하면 '억장億丈이 무너진다.'고
한다. 억장은 억장지성億丈之城, 곧 '억 길의 성'의 줄임말이
다. 억 길이나 되는 성이 허물어질 정도로 가슴이 무너져 내
리는 상황이니 몹시 안타까운 상황이다. 억장보다 작은 느낌
이 만장萬丈이다. 인생의 기복과 변화가 심한 사람에 대해
'파란만장波瀾萬丈한 인생을 살았다.'고 말한다. 파란波瀾은
작은 물결과 큰 물결이다. 파도의 물결이 만 길이나 될 만큼
우여곡절이 많은 삶이 파란만장한 일생이다. 백발삼천장白
髮三千丈이라는 말도 있다. 흰 머리[白髮]가 삼천 길[丈]이

한자의 쓸모

나 된다는 뜻이다. 요즘 길이로 따지자면 9천여 미터에 이른다. 중국의 이백이란 시인이 거울을 보고 팍 늙어버린 자신의 얼굴에 놀라 「추포가秋浦歌」에서 "흰 머리가 삼천 길이니, 근심 이어져 이렇게 자랐네[白髮三千丈 緣愁似箇長]."라고 한데서 나왔다. 근심과 걱정으로 흰 머리가 삼천 길이나 자랐다고 과장한 데서 인생의 무상함과 허무감을 더한다.

촌寸보다 짧은 길이의 단위도 있다. '나누다.'라는 뜻으로 쓰는 분分인데, '푼'이라 읽는다. 분分은 1촌寸의 10분의 1이다. 예전에는 엽전을 세는 단위로도 쓰여 돈 한 닢을 이르기도 했다. '한 푼만 주세요.' 할 때의 '푼'이 바로 그러하다.

 다시보기

촌寸 : 길이의 단위. 약 3센티미터
척尺 : 길이의 단위. 10寸=1尺. 약 30센티미터
장丈 : 길이의 단위. 10尺=1丈. 일반적으로 어른의 키 정도. 우리말로 '길'이라고 함
분分 : 길이의 단위로 쓰일 때는 푼으로 발음. 10分=1寸

흰색과 검은색[黑白],
옳고 그름을 가리다

옳고 그름을 가릴 때면 '흑백黑白'을 가린다고 말한다. 이
때 흑黑은 그름을, 백白은 옳음을 상징한다. 사람들은 대체
로 흰색을 가까이하고 검은색을 꺼린다. 흰색에서는 순수함
과 깨끗함을, 검은색에선 죽음과 공포를 읽으려 한다. 백인
종은 부러워하고 흑인종은 업신여긴다. 악마의 옷은 검은색
이지만 천사의 옷은 흰색이다. 인간뿐만 아니라 색에도 이데
올로기를 덧입히는 것이다.

백白은 일반적으로 희다는 뜻이다. 흰색은 신성함, 깨끗
함을 상징한다. 그리하여 우리 민족은 전통적으로 흰색을 숭
상했다. 흰 호랑이인 백호白虎는 우리나라 서쪽을 지켜주는
영험한 동물이었고, 백마白馬는 상서로운 수호신이었다. 흰

뱀이나 흰 곰이 나타나면 좋을 일이 있을 거라 믿었고 흰 사슴이 나타나면 상서로운 일이 나타난다고 여겼다. 오늘날 정부에서 발표하는 공식 보고서를 백서白書라 하는데 이는 흰색이 '있는 그대로의 깨끗함'을 상징하기 때문이다.

흰 얼굴은 백면白面이라 한다. 방 안에만 틀어박혀 있으면 흰 얼굴이 된다. 그래서 세상 물정에 어둡고 경험이 없는 사람을 백면서생白面書生이라고 말한다. 백미白眉는 흰 눈썹이란 뜻이다. 옛날 마씨의 집안에 재능이 뛰어난 다섯 형제가 있었는데 그 가운데 맏이였던 마량이 제일 뛰어났다. 마량은 특이하게도 눈썹이 흰색이었다. 마을 사람들이 '마씨 오형제는 모두 훌륭하지만, 그 가운데서도 흰 눈썹이 가장 뛰어나다.'고 칭찬했다. 이후로 백미白眉는 여럿 중에 가장 뛰어난 것을 가리키는 말로 쓰이게 되었다.

흰색은 색깔이 없는 것이므로 '없다, 비다.'는 뜻도 있다. 생선이나 고기를 아무 양념도 하지 않고 맹물에 푹 삶은 음식이 백숙白熟이다. 흰옷을 뜻하는 백의白衣는 벼슬이 없는 사람이라는 뜻이다. 임진왜란 때 충무공 이순신 장군은 백의종군白衣從軍했다. 이순신 장군이 갑옷도 두르지 않은 채 흰옷을 입고 싸움터에 나갔다는 뜻이 아니다. 벼슬하지 않은 평범한 신분으로 군대를 따라 싸움터에 나갔다는 뜻이다.

백白에는 '아뢰다, 말하다.'라는 뜻도 있다. 가게 벽면의 안내문에는 '금일今日 휴업합니다. 주인主人 백白'이라는 문구가 간혹 붙어 있다. 골목의 담벼락에는 '개 조심. 주인 백白'이라는 글씨도 종종 붙어 있다. '우리나라 집주인들은 온통 백씨로구나'라고 오해할 만하다. 그러나 백白은 '아뢰다.'라는 뜻이다. 곧 '주인 백白'은 주인이 말한다는 뜻이다. 좋아하는 사람에게 속마음을 털어놓는 것을 '고백'이라고 한다. 고백告白은 마음속에 감추고 있던 생각을 고해서[告] 말하는[白] 것이다. 반면 속마음을 꼭꼭 숨긴 채 혼자서 중얼거리며 말하는 것은 독백獨白이다. 자백自白은 스스로 자신의 허물이나 잘못을 털어놓는 것이다.

백白 외에 소素도 흰색이라는 뜻이다. 소素는 아직 물들이지 않은 원래 빛깔 그대로의 흰색이다. 장례식 때 입는 흰 상복을 소복素服이라 부른다. 꾸밈이나 거짓이 없는 사람을 '소박素朴하다.'고 말한다. 소素는 물감을 들이지 않은 자연 그대로의 색이므로 가식적이지 않은 있는 그대로의 사람을 비유하게 되었다.

반면 검은색을 뜻하는 흑黑에는 부정적인 뜻이 많다. 남을 어떻게 해보려는 깨끗하지 못한 마음을 지니면 '흑심黑心을 품었다.'고 말한다. 흑심은 검은 마음, 즉 음흉하고 바르지 못한 생각이다. 비도덕적 행위나 범죄가 자주 일어나는 거리는 암흑가暗黑街다. 겉으로 드러나지 않는 음흉한 내막은 흑막黑幕이라고 한다. 흑막이란 '검은 커튼'이라는 뜻이다. 커튼은 방 안의 빛을 가리어 어둡게 해주거나 연극에서 무대 중간에 소품이나 배경을 바꿀 때 사용한다. '검은 커튼'을 치게 되면 안에서 무슨 일이 일어나는지 도통 알 길이 없다. 겉으로 알아낼 수 없는 꿍꿍이속이 있을 것 같으면 '무슨 흑막이 있을 거야.'라고 말한다. 또 근거 없는 사실을 꾸며내어 상대방을 해치거나 어지럽히려는 술책을 흑색黑色선전이라 한다. 아주 깜깜한 밤은 '칠흑漆黑 같다.'고 한다. 칠漆은 옻칠을 한다는 뜻이다. 옻칠을 계속 덧칠하면 광택이 나는 검은빛이 된다. 곧 칠흑은 옻칠을 한 것처럼 어둡다는 뜻이다.

검은색이 꼭 부정적 뜻으로만 쓰이는 것은 아니다. 수입이 지출보다 많아 이익을 내면 흑자黑字라고 말한다. '검은 글자'란 뜻이다. 회계 장부를 기록할 때 지출보다 수입이 많으면 검은색 펜을 쓴 데서 유래했다. 반대로 지출이 더 많아 손해가 생기면 붉은 펜을 사용했다. 이를 붉을 적赤 자를 써서 적자赤字라 한다.

'까마귀 검다 하고 백로야 웃지 마라.'고 했다. 색이 검다고 해서 그 속마저 음흉한 것은 아니다. 검은색은 날씬해 보이는 효과를 주며 다른 모든 색과도 잘 어울린다. 열을 잘 흡수해서 겨울철에 검은색 옷을 입으면 따뜻하다. 색은 단지 색일 뿐이다.

 다시보기

백白 : 희다. 신성함, 깨끗함을 상징
  * 백호白虎, 백마白馬, 백서白書, 백면서생白面書生, 백미白眉
'없다, 비다'의 뜻 : 백숙白熟
'아뢰다, 말하다'의 뜻 : 주인 백白, 고백告白, 독백獨白, 자백自白

흑黑 : 검다. 부정적인 의미가 많음
  * 흑심黑心, 암흑가暗黑街, 흑막黑幕, 흑색黑色 선전, 칠흑漆黑 같다

손과 발[手足],
무슨 일이든 손발이 맞아야

사람의 신체 기관 가운데 궂은일을 도맡아 하는 부위가 손과 발이다. 또 손과 발은 가장 더러워지기 쉽다. 그러나 손과 발이 없으면 아무 일도 할 수가 없다. 행동을 꼼짝 못 하게 할 때는 수족手足을 묶는다고 말한다. 마음대로 부리는 사람은 수족을 부린다고 말한다. 함께 일하는 데 호흡이 척척 맞으면 손발이 맞는다고 말한다.

손 수手는 다섯 손가락을 편 모양을 나타냈다. 손을 펴면 손바닥 장掌이 되고 손을 오므리면 주먹 권拳이 된다. 손바닥에서 일어나는 바람이 장풍掌風이고, 손을 오므려 주먹을 쥐고 하는 경기가 권투拳鬪다. 권투拳鬪는 주먹으로 싸우는 운동이라는 뜻이다.

훌륭한 예술 작품은 모두 손으로 빚어 나온다. 세계의 자랑거리인 김치와 도자기인 상감청자도 모두 손끝에서 나왔다. 그리하여 수手에는 '솜씨, 기술'이라는 뜻이 있다. 여럿 중에서 대표로 뽑힌 사람이 선수選手다. 선수는 기술이 좋아 대표로 뽑힌 사람이란 뜻이다. 김도영은 야구 선수, 손흥민은 축구 선수다. 골프 선수나 야구 선수 등은 손을 잘 쓰니 수手가 들어간 것이 자연스러워 보이나 축구 선수인 손흥민도 선수選手라 부른다. 수手가 솜씨라는 의미를 지녔기 때문이다.

특별히 하는 일 없이 빈둥거리며 노는 사람은 백수白手라고 한다. 백수白手는 '흰 손'이다. 백白에는 없다는 뜻도 있으므로 아무것도 가진 것이 없는 손, 곧 맨손이 백수다. 뒤에 건달이란 말을 덧붙여 백수건달白手乾達이라고도 한다.

발은 족足으로 쓴다. 돼지의 발로 조리한 음식을 족발(足발)이라고 하는데 발 족足에 다시 '발'을 덧붙인 형태이니 엄밀히 따지자면 그냥 족足이라고 써야 합당하다. 사족蛇足이라는 말이 있다. 뱀의 발이라는 뜻이다. 화사첨족畫蛇添足, 즉 뱀을 다 그리고 나서 발을 덧붙인다는 뜻에서 온 말이다. 여러 친구가 술을 마시게 되었다. 함께 마시기엔 부족해서 땅에 뱀을 가장 먼저 그리는 사람에게 몰아주기로 했다. 한 사람이 가장 먼저 그렸다. 그는 다음과 같이 자랑했다. "나는 뱀의 발까지 그렸다." 그러자 옆에 있던 사람이 술잔을 가로챘다. "자네는 뱀에 발까지 그렸으니 그건 뱀이 아니다." 그러고는 술을 다 마셔 버렸다. 이로부터 쓸데없는 군더더기나 불필요한 덧붙임을 사족蛇足이라고 하게 되었다. "내 말에 사족을 달지 마."와 같이 쓴다.

"그 사람은 공짜라면 사족을 못 쓴다."라고 할 때의 사족은 사족四足이라고 쓴다. 사족四足은 네 발이란 뜻인데 사람의 경우엔 두 팔과 두 다리 곧 사지四肢를 의미한다. 얼마나 좋으면 팔다리마저 꼼짝하지 못할 정도이겠는가. 그리하여 어떤 물건이나 취미 등을 너무 좋아하여 꼼짝 못 할 정도라는 뜻을 지니게 되었다.

족足에는 족하다, 충분하다는 뜻도 있다. 모자람이 없이 흡족한 것은 만족滿足이고 일정한 양에 미치지 못한 것은 부족不足이다.

스스로 만족하는 것은 자족自足이다. 바라는 것이 이루어졌을 때라야 흡족한 게 만족滿足이라면 어떠한 형편이든지 족하게 여기는 것은 자족自足이다. 내가 가진 것을 긍정하며 자족自足할 수 있다면 행복은 언제나 가까이에 있다.

손과 발은 잘 사용하면 많은 유익을 주지만 잘못 사용하면 실수失手하거나 실족失足하게 된다. 손과 발을 어떻게 놀리느냐에 따라 그 사람의 미래가 달라진다.

 다시보기

수手 : 솜씨, 기술이라는 뜻도 있음
 * 선수選手, 가수歌手
족足 : 발. 다리. 족하다
사족蛇足 : 뱀의 발. 뱀을 그릴 때 발까지 그린 데서 쓸데없는 군더더
 기나 불필요한 덧붙임
사족四足을 못 쓰다 : 사족은 두 팔과 두 다리를 뜻함. 사지를 꼼짝하
 지 못할 정도로 너무 좋아한다는 뜻
실족失足 : 발을 헛디디다. 곧 행동을 잘못한다는 뜻
자족自足 : 스스로 만족하다. 족足에는 족하다는 뜻도 있음

귀와 눈[耳目],
듣는 귀와 보는 눈

보통 사람들은 자신이 경험한 세계 그 너머를 이해하지 못한다. 자신이 보고 들은 정보 안에서 진실을 찾고 그 틀로 세상을 바라본다. 그러므로 제대로 보고 올바로 듣는 것은 참 중요하다.

눈을 뜻하는 글자는 목目이다. 눈은 얼굴 가운데 가장 중요한 부분이다. 면목面目이란 글자는 이를 확인해 준다. 면목은 남을 대하기에 번듯한 모양새, 즉 체면을 뜻한다. 면목이 없다는 것은 체면이 서지 않는다는 뜻이다. 면목은 얼굴 면面과 눈 목目으로 이루어졌다. 면面은 사람의 얼굴[口] 안에 눈[目]을 그려 넣은 것이다. 얼굴 가운데서도 눈을 가장 중요한 체면의 상징으로 생각한다는 사실을 보여준다. 떳떳

하지 못한 일을 한 사람들은 어떻게든 얼굴을 가려 눈을 안 보이려고 한다. 부끄러운 행동을 하면 남 앞에서 눈을 마주치지 못한다. 눈에는 자존심이 담겨 있다.

눈을 뜻하는 글자에 안眼도 있다. 안과眼科는 눈을 진료하고 치료하는 곳이다. 눈 가운데는 천 리를 내다보는 눈이 있다. 이를 천리안千里眼이라 한다. 위나라의 양일이라는 사람은 부하로부터 이것저것 정보를 모아, 먼 곳의 일을 두루 꿰뚫어 보았다고 한다. 사람들은 그에게 천 리 밖을 볼 수 있는 천리안을 가졌다고 놀라워했다. 그리하여 사물을 꿰뚫어 보는 관찰력을 비유할 때 천리안이라고 한다.

백안시白眼視는 흘기는 눈이다. 춘추전국시대 때 현실에 실망하여 세상을 등지고 산속에 숨어 살던 일곱 명의 사람이 있었다. 이들을 죽림칠현竹林七賢이라고 부른다. 그 가운데 완적阮籍이란 사람이 있었다. 완적은 좋고 싫음이 분명했다. 특히 세속의 예의를 따지는 사람을 보면 속물이라 여기며 흰 눈으로 흘겨보았다. 이를 백안시白眼視라 한다. 백안白眼은 흰 눈이다. 상대방이 마음에 들지 않거나 업신여기며 볼 때 눈을 치켜뜨면 흰 눈자위만 보인다. 반대로 애정의 눈으로 바라볼 때는 똑바른 시선으로 보기 때문에 검은 눈동자가 초롱초롱 빛난다. 이는 청안시靑眼視라고 한다. 청안시는 달갑게 여기고 좋은 마음으로 보는 것이다.

눈 안의 눈동자는 정睛이라 한다. 화룡점정畵龍點睛이라는 말이 있다. 용을 그린 후에 눈동자에 점을 찍는다는 뜻이다. 장승요라는 사람이 있었다. 용을 그려달라는 부탁을 받고 용 네 마리를 그렸으나 눈동자만은 그리지 않았다. 사람들이 다그치자 용 한 마리에 눈동자를 찍었다. 그러자 갑자기 우레와 번개가 치면서 그 용이 하늘로 올라가 버렸다. 이후로 매우 중요한 부분을 완성하는 것을 화룡점정이라 한다. "영화 뒷부분에서 새로운 반전이 일어나 화룡점정을 찍었다." 등과 같이 쓴다.

말을 하는 것보다 중요한 것은 듣는 것이다. 듣는 귀는 이耳라고 쓴다. 똑똑한 사람은 자기가 말하지만 지혜로운 자는 남의 말을 귀 기울여 듣는다. 나이 육십을 이순耳順이라고 한다. 이순耳順은 귀가 순해진다는 뜻이다. 이전에는 듣기 싫은 말을 들으면 금세 불쾌해져서 분을 참지 못했는데, 예순이 되면 거슬리는 말을 들어도 곧 이해가 된다.

아무리 일러 주어도 알아듣지 못하는 사람이 있다. 이런 사람을 우이독경牛耳讀經이라 한다. '소귀에 경 읽기'란 뜻이다. 소의 귀에 아무리 경전을 들려준들 소가 무슨 말인지 알아들을 수는 없다.

연암 박지원은 눈과 귀만 믿지 말고 명심冥心하라고 했
다. 명심은 마음을 고요하게 하여, 눈과 귀로 인해 생기는 편
견과 선입견에 갇히지 않는 것이다. 보이는 대로 보고 들리는
대로 들어서는 안 된다. 본질을 응시하고 내면의 소리에 귀를
기울여야 한다.

 다시보기

면목面目 : 남을 대할 만한 체면

천리안千里眼 : 천리를 보는 눈. 사물을 꿰뚫어 보는 관찰력을 비유

백안시白眼視 : 흰 눈으로 보다. 백안白眼은 눈의 흰자위를 말함. 상
대방을 눈의 흰자위만 보이도록 흘겨본다는 뜻으로 님을 무시
하는 태도로 바라봄

화룡점정畵龍點睛 : 용을 그린 후 눈동자에 점을 찍다. 가장 중요
한 부분을 완성한다는 뜻

이순耳順 : 귀가 순해지다. 60세

우이독경牛耳讀經 : 소 귀에 경 읽기. 아무리 일러주어도 알아듣지
못함

한자의 쓸모

명심(冥心)은 마음을 고요하게 하여,
눈과 귀로 인해 생기는
편견과 선입견에 갇히지 않는 것이다.

PART

2

한자가 들려주는
삶과 문화 이야기

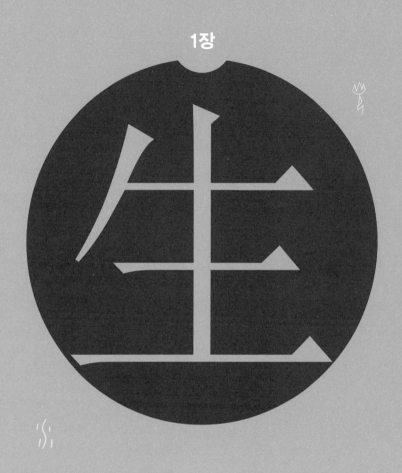

1장

삶의
지혜를 담은 한자

친구,
가까이 두고 오래 사귄 사람

오랠수록 좋은 것이 있을까? 장맛이 있겠고 포도주가 있겠다. 그러나 '옷은 새것일수록 좋고 사람은 오랠수록 좋다.'는 말도 있듯 좋은 벗이야말로 오랠수록 좋다. 친하게 사귀는 벗을 친구親舊라 한다. 친親은 '가까이 보다.'는 뜻이고 구舊는 '오래'라는 의미다. 고로 친구란 '가까이 두고 오래 사귄 사람'이라는 뜻이다.

『논어』,『맹자』 같은 경전을 비롯한 수많은 문헌에서는 우정이 얼마나 중요한지를 강조한다. 인디언 말로 친구는 '내 슬픔을 자기 등에 지고 가는 자'라는 뜻이다. '천금은 얻기 쉽지만 벗은 찾기 어렵다.'는 말처럼 마음에 맞는 친구를 얻기는 쉽지 않다.

조선 후기의 실학자 박제가는 다음과 같이 말했다.

"벗이란 술잔을 건네며 도타운 정을 나누거나 손을 꽉 잡고 무릎을 가까이한 사람을 의미하지 않는다. 말하고 싶어도 입 밖으로 꺼내지 못하는 벗이 있고 말하고 싶지 않으나 저도 모르게 말하게 되는 벗이 있다."

잠시 만났어도 편안하고 친근한 사람이 있고 오래 알고 지내도 둘만 있으면 서먹한 사람이 있다. 술잔을 마주 잡으며 어깨를 부여잡는다고 가까운 벗이 아니다. 속말을 털어놓을 수 없다면 진정한 친구라 하기 어렵다. 이런 친구를 주우酒友라 한다. 술자리에서만 친구라는 뜻이다. 눈앞에서만 아는 척하는 사람은 면우面友라 한다. 얼굴만 아는 형식적 관계의 벗이다. 말하기 곤란한 이야기도 앞에만 서면 이야기가 술술 나오는 벗이 있다. 이런 사귐은 돌처럼 단단하다고 해서 석교石交라 한다. 지극한 사귐이라는 뜻의 지교至交라고도 한다.

친구를 예전에는 붕우朋友라 불렀다. 오륜 가운데 하나가 붕우유신朋友有信이다. 연암 박지원은 붕朋은 새의 양 날개이며 우友는 사람의 양손이라고 말한다. 붕朋의 어원 가운데 날개 우羽가 있고 우友는 수手와 우又로 이루어진 글자임을 염두에 둔 말이다. 참된 친구란 새에게 두 날개가 있고 사람에게 양손이 있는 것과 같이 서로에게 없어서는 안 되는 존재다.

『성경』에는 '철이 철을 날카롭게 하는 것같이 사람이 그 친구의 얼굴을 빛나게 한다.'고 했다. 옛사람들은 벗을 제2의 나, 곧 제이오第二吾라 여겼다. 한편으로는 내 눈과 귀가 되고 손발이 되어 줄 주선인周旋人이라고도 했다. 기운이 다른 형제란 뜻의 비기지제匪氣之弟라고도 했고 잠을 함께 자지 않을 뿐인 아내라 하여 비실지처匪室之妻라고도 했다.

공자는 유익이 되는 세 친구[益者三友]와 해로운 세 친구[損者三友]에 대해 말했다. 이로운 벗은 정직한 사람[友直], 신의 있는 사람[友諒], 견문이 많은 사람[友多聞]이다. 해로운 벗은 한쪽으로 치우친 사람[友便辟], 아첨을 잘하는 사람[友善柔], 허풍이 심한 사람[友便佞]이다. 내게 도움이 되고 유익이 되는 친구를 가려 사귀어야 한다는 생각이다. 친구는 잘 사귀면 영혼을 살찌우지만 잘못 사귀면 독이 될 수도 있다. 그래서 먹을 가까이하면 검어진다는 의미의 근묵자흑近墨者黑이란 말도 생겨났다.

J.E. 딩거는 친구에 대해 다음과 같은 말을 남겼다.

"나의 친구는 세 종류가 있다. 나를 사랑하는 사람, 나를 미위하는 사람, 그리고 나에게 무관심한 사람이다. 나를 사랑하는 사람은 나에게 유순함을 가르치고, 나를 미워하는 사람은 나에게 조심성을 가르쳐 준다. 그리고 나에게 무관심한 사람은 나에게 자립심을 가르쳐 준다."

『논어』에서도 "세 사람이 길을 가면 반드시 내 스승이 있다[三人行 必有我師焉]."라고 했다. 나보다 선한 친구는 그 선함을 배우는 대상으로 삼고, 나보다 못한 친구는 타산지석 他山之石으로 삼아 자신을 돌아보면 된다. 모든 사람은 내 스승이 될 수 있다. 상대방이 누구냐가 중요한 것이 아니라 이를 받아들이는 나의 마음가짐이 중요하다.

 다시보기

친구親舊 : 가까이 두고 오래 사귄 사람이란 뜻
유익한 세 친구[益者三友] : 정직한 사람[友直], 신의 있는 사람[友諒], 견문이 많은 사람[友多聞]
해로운 세 친구[損者三友] : 한쪽으로 치우친 사람[友便辟], 아첨을 잘하는 사람[友善柔], 허풍이 심한 사람[友便佞]
삼인행 필유아사언[三人行 必有我師焉] : 세 사람이 길을 가면 반드시 내 스승이 있다

세 사람이 길을 가면 반드시 내 스승이 있다.
[三人行 必有我師焉]

결혼,
만남에서 밀월여행까지

    만약에 로미오와 줄리엣이 죽지 않고 결혼을 했다면 어떤 이야기가 전개되었을까? 십중팔구 처음엔 깨가 쏟아지는 이야기였다가 조금 지나 서로 지지고 볶는 이야기로 끝났으리라. 농담 반 진담 반으로 결혼은 해도 후회, 안 해도 후회라고 하지만 결혼이 인생에서 매우 중요한 행복의 조건인 것은 틀림없다.

    결혼은 혼인이라고도 한다. 사랑하는 남녀가 만나 부부의 연을 맺는 것이 혼인婚姻이다. 혼인할 혼婚은 여자 녀女와 저녁 혼昏으로 이루어졌다. 신랑이 저녁 무렵에 신부를 맞이한다는 뜻이다. 실제로 고대 사회에서는 저녁때 신부 집에서 혼인식을 올렸다고 한다. 농경 사회이다 보니 일을 하는 낮보다 일과가 끝나는 저녁 무렵이 나았다. 반면 혼인할 인姻은 녀女와 의지할 인因을 합쳤다. 여자가 의지하는 집, 곧 신랑의 집을 뜻한다.

혼인婚姻은 일반적으로 결혼結婚이라 부른다. 결혼은 '혼인 관계를 맺다.'라는 뜻이다. 본래 결혼은 양쪽 집안이 혼인 관계를 맺는 것이고, 혼인은 두 사람이 부부 관계가 되는 것을 의미했다. 오늘날엔 혼인과 결혼을 같은 의미로 사용하고 있다.

결혼 날짜는 대체로 여자 쪽에서 잡는다. 이를 택일擇日이라 한다. 가릴 택擇, 날 일日이니 좋은 날을 가려서 고르는 일이다. 결혼 날짜가 정해지고 나면 청첩장을 돌린다. 청첩장請牒狀이란 청할 청請, 서찰 첩牒, 문서 장狀으로 초청하는 글발이란 뜻이다. 첩牒과 장狀의 뜻이 똑같으므로 단순히 청첩請牒이라고도 한다.

청첩장을 받으면 결혼식장에 가서 부조금扶助金을 낸다. 부扶와 조助는 모두 돕는다는 뜻이니 부조扶助란 돈이나 물건 등을 도와준다는 뜻이다. 결혼이나 장례식 등 큰일을 돕기 위해 주는 돈이다. 특히 결혼식에 건네는 돈은 '축하하는 예의로 내는 돈'이라는 뜻의 축의금祝儀金이라고 한다. 부조금은 2만 원, 4만 원으로 하지 않고 3만 원, 5만 원 등 앞 숫자가 홀수가 되게 한다. 왜 그럴까? 동양 사회에선 전통적으로 음양론陰陽論이 있었다. 이에 따르면 짝수는 음陰의 수고 홀수는 양陽의 수다. 그리하여 명절도 1월 1일, 3월 3일, 5월 5일 등 홀수 일에 있다. 추석이 8월 15일인 것은 가을의 한가운데가 8월이다 보니 불가피하게 8월로 정해진 것이다. 곧 짝수보다 홀수를 좋은 숫자로 여기는 사고가 부조금에도 적용된 것이다.

결혼을 축하하기 위해 예식장에 온 사람들은 축하객祝賀客 혹은 하객賀客이라고 한다. 본래 축객祝客과 하객賀客은 구별했었다. 축祝의 어원이 신[示] 앞에서 입을 벌려 기도하는 사람이고 하賀는 재물[貝]을 더해주다[加]는 뜻인 데서 드러나듯, 축객은 말로 축복해 주는 사람이고 하객은 돈을 보태주는 사람이다. 양쪽 집안 부모가 "와주신 하객 여러분 감사합니다."라고 인사말 할 때, 부조금을 내지 않았다면 조금 민망한 일이다.

결혼식이 진행되기에 앞서 양쪽 집 어머니가 나와 화촉을 밝히는 순서가 있다. 화촉華燭은 결혼식에 사용하는 다양한 빛깔[華]로 만든 밀초[燭]를 뜻한다. 가난했던 옛 백성들은 소기름이나 돼지기름으로 만든 초를 썼다. 밀랍으로 만든 밀초는 값이 비싸고 구하기가 힘들어, 관혼상제와 같은 큰 잔치

때 관청에서 배급받아 쓰곤 했다. 화촉은 결혼식에서나 쓸 수 있다 보니 결혼을 대신하는 말로 쓰이게 되었다.

결혼식이 끝나면 축하객과 친지들은 신랑 신부 측에서 마련해준 식당으로 간다. 이곳을 흔히 피로연장披露宴場이라 부른다. 피로연에 대해 사람들은 큰 잔치에 피로疲勞할 테니 이를 위로해 주는 잔치 정도로 생각한다. 그러나 피로披露에는 다른 뜻이 있다. 피披에는 헤치다, 열다는 뜻이 있다. "창피해 죽겠어." 할 때의 창피猖披는 본래 띠를 두르지 않아 옷을 열어 헤친 모습이고, "의견을 피력하다." 할 때의 피력披瀝은 속마음을 열어 드러내는 것이다. 또 로露는 명사일 때는 이슬의 뜻이지만 동사로 쓰일 때는 드러내다, 노출하다는 뜻이다. "넌 너무 노골적이야." 할 때의 노골적露骨的은 뼈를 드러낼 정도로 숨김없이 드러내는 것을 말한다. 곧 피로披露란 열어 헤쳐 보여주다, 혹은 드러내 보여준다는 의미다. 두 사람이 부부가 된 것을 여러 사람에게 공개적으로 보여주는 자리가 피로연披露宴이다.

예식을 마치고 나면 신랑 신부는 결혼식장 한 편에 마련된 폐백실幣帛室로 이동한다. 폐幣와 백帛은 모두 비단이라는 뜻이니, 폐백은 예물로 보내는 비단이다. 본래 폐백은 결혼식을 마치고 신부가 시댁으로 가 시댁 어른들에게 첫인사를 드리는 의식, 혹은 이때 준비해 간 특별 음식을 뜻했다. 지금은 절차를 간소화해서 식을 마치자마자 예식장 안에서 폐백을 한다. 그런데 폐백을 할 때 왜 꼭 대추와 밤을 던져줄까? 옛 문헌에 의하면 대추 조棗는 이를 조부와 발음이 같고 밤 률栗은 두려울 률慄과 발음이 같다. 부지런히 일찍 일어나라는 뜻과 삼가 두려운 마음으로 몸가짐을 단속하라는 의미를 담았다. 한편으론 대추와 밤을 합치면 조율자棗栗子가 되는데 중국어로 조립자早立子, 혹은 조리자早利子와 발음이 같다. 조립자早立子는 일찍 아기를 낳길 바란다는 뜻이고 조리자早利子는 빨리 부자가 된다는 의미다. 이같이 폐백에는 부귀와 자식을 기원하는 염원이 담겨 있다.

결혼식이 끝나면 신랑 신부는 달콤한 신혼여행을 떠난다. 신혼여행은 밀월蜜月여행이라 한다. 풀이하면 '꿀맛 같은 달'이다. 영어의 허니문(honey-moon)을 번역한 말이기도 하다. 이 말은 본래 스칸디나비아 지역에서 신혼부부에게 한 달 동안 꿀로 만든 술을 마시게 한 결혼 풍습에서 생겨났다. 신혼여행 기간은 말 그대로 꿀같이 달콤한 날들을 맛본다. 그러나 꿀로 만든 술이 떨어지는 순간 서로에게는 '사랑의 기술'이 필요해진다.

다시보기

부조금扶助金 : 부扶와 조助는 돕는다는 뜻으로 돈이나 물건 등을
　　　도와준다는 뜻

화촉華燭 : 결혼식에 사용하는 다양한 빛깔[華]로 만든 밀초[燭]. 화촉
　　　을 밝히는 것은 결혼을 의미

피로연披露宴 : 열어 헤쳐 보여주는 연회. 두 사람이 부부가 된 것을
　　　여러 사람에게 공개적으로 알리는 잔치

밀월蜜月 : 꿀맛 같은 달. 허니문(honey-moon). 신혼부부에게 한 달
　　　동안 꿀로 만든 술을 마시게 한 결혼 풍습에서 유래

늙음은
숫자에 있지 않다

흔히 "나잇값을 하라."는 말을 한다. 무조건 젊고 예쁘게만 보이려고 애쓰지 말고 나이에 걸맞게 행동하라는 생각이 담겨 있다. 사람은 누구나 나이를 먹는다. 한 살 두 살 나이가 늘어나는 만큼 안목이 넓어지고 지혜가 열리는 것일까?

연륜年輪이라는 말이 있다. 연륜은 본래 나이테를 가리키던 말이다. 나무줄기를 가로로 자르면 둥근 띠 모양이 무늬기 있는데 이것을 나이테라고 한다. 나이테는 해마다 하나씩 생긴다. 모든 나무에는 나이테가 있어서 나이테의 숫자를 세어 보면 나무의 나이를 알 수 있다. 나이테가 하나둘 생겨날 때마다 나무는 더욱 옹골차고 단단해져서 거친 비바람도 넉넉히 견뎌낸다. 인생도 마찬가지여서 주름살이 하나둘 늘어가면서 더욱 깊고 풍부한 인생이 된다. 연륜이 쌓인다는 것은 그만큼 많은 경험과 노력이 쌓인다는 뜻이다.

나이마다 그 나이를 지칭하는 말이 있다. 나이에 관한 말은 공자에서 유래한 것이 많다. 공자는 말하길 "나는 15세에 배움에 뜻을 두었고, 30세에 뜻을 세우게 되었으며, 40세에 현혹되지 않았고, 50세에 하늘의 명을 알았다. 60세에 귀가 순해졌으며, 70세에 마음이 하고자 하는 바를 좇아도 법도를 넘지 않았다."라고 하였다.

공자가 말한 15세는 지학志學이라고 한다. 지志란 마음이 향하는 것이다. 옛사람들은 15세에는 배움을 좇아야 한다고 생각했다. 15세엔 지식과 학문에 대한 호기심이 강해진다. 공자도 나면서부터 큰 학자가 된 것이 아니다. 어려서부터 학문에 뜻을 두고 남보다 부지런히 공부한 결과 위대한 성인에 이르렀다.

30세는 이립而立이라고 한다. 입立은 확고하게 섰다는 뜻이다. 사회 질서와 예법에 대해 경험을 충분히 쌓아서 사회생활을 잘할 수 있는 인간으로 바로 섰다는 뜻이다. 이십 대는 넘어지고 깨어져도 괜찮다. 실패와 실수의 경험들은 성숙한 인생으로 나아가는데 좋은 밑거름이 된다. 서른이 되면 가정과 사회의 기반을 확실하게 닦아 놓아 자신의 길을 걸어갈 채비를 갖추어야 한다.

40세는 불혹不惑이라고 했다. 불혹은 미혹되지 않고 현혹 되지 않는다는 뜻이다. 삶에는 이쪽을 보면 이 길이 옳은 것 같고, 저쪽을 보면 저 길이 옳은 것 같은 일들이 많다. 욕심 을 줄이고 마음을 다잡아 가는 가운데 뜻이 확고하게 선다. 그리하여 사십에는 자신이 하는 일에 흔들림 없이 그 길을 뚜 벅뚜벅 걸어간다. 맹자는 나이 사십에 마음이 흔들리지 않았 다고 말했다. 그래서 40세를 부동심不動心이라고도 한다.

50세는 지천명知天命이라 한다. 하늘의 명命을 안다는 뜻 이다. 그동안은 자기 생각으로 살았지만 이제 하늘의 뜻을 사 는 인생으로 바뀌는 것이다. 자식을 먹여 살리기 위해, 또 생 존에 뒤처지지 않기 위해 아등바등 자기 욕심대로 살아왔지 만 오십이 되면 마음이 열리고 하늘을 쳐다보게 된다. 내가 무엇을 위해 지금까지 살아왔던가, 하늘은 왜 나를 태어나게 했을까, 하늘의 뜻을 돌아보고 자신의 운명과 한계를 받아들 이는 인생으로 바뀐다.

60세는 이순耳順이라고 한다. 귀가 순해진다는 뜻이다. 그전에는 듣기 싫은 말을 들으면 금세 불쾌해져서 화를 내며 분을 참지 못했는데, 예순이 되면 타인의 의견과 조언을 잘 듣고 수용하게 된다. 오랜 삶의 경험을 통해 얻은 통찰력을

한자의 쓸모

바탕으로 다양한 의견을 편견 없이 받아들이는 성숙한 지혜를 갖추게 된다.

70세는 종심從心이라 부른다. "마음이 하고자 하는 대로 좇아도 법도를 벗어나지 않았다[從心所欲不踰矩]."는 말에서 나왔다. 일흔이 되면 어지간한 욕심들은 사라지고 자신의 마음을 다스릴 수 있게 된다. 특별히 바르게 하려 한 것도 아니고, 그저 마음이 가는 대로 행동해도 그 모든 것이 순리에 맞게 된다는 뜻이다. 70세는 고희古稀라고도 부른다. 두보의 시구 "인생이 70세를 사는 것은 예로부터 드물다[人生七十古來稀]."라는 말에서 나왔다. 예전에 나이 칠십은 세상에 드문 장수長壽였다.

오늘날엔 '인생은 육십부터'라고 말한다. 60세는 새로운 인생의 시작을 알리는 나이가 되었다. 예전에는 햇수를 육십갑자로 표기했다. 십간십이지를 차례로 배열하면 60개의 구성이 되었다. 그리고 다시 61번째 해에는 처음의 갑자년으로 돌아온다. 이를 회갑回甲, 혹은 환갑還甲이라 불렀다. 육십갑자가 한 바퀴 다 돌아서 다시 갑자년으로 되돌아왔다는 뜻이다.

회갑이 되면 가족 친척들이 다 모여 장수를 축하하는 잔치를 벌인다. 각종 전쟁과 질병으로 수명이 짧았던 예전에는 회갑이 크고도 큰 경사였다. 하지만 이제 회갑 잔치는커녕 고희연도 마다하는 시절이 되었으니 참으로 격세지감이다.

늙음은 숫자에 있지 않다. 주름이 늘어가는 게 문제가 아니라 마음이 늙는 것이 문제다. 나이테가 늘어갈수록 나무는 더 큰 아름드리가 되고 비바람에도 끄떡없이 견디듯이 나이가 들수록 지혜는 쌓이고 귀는 더 열려야 하리라. 나잇값을 한다는 것은 단순히 행동이 점잖아지는 것이 아니라 귀가 순해지고 내 욕심이 아닌 하늘의 뜻에 귀를 기울이는 것이다.

 다시보기

지학志學 : 배움에 뜻을 두다. 15세
이립而立 : 뜻을 세우다. 30세
불혹不惑 : 미혹되지 않는다. 40세
지천명知天命 : 하늘의 명을 알다. 50세
이순耳順 : 귀가 순해지다. 60세
종심從心 : 마음이 하고자 하는 대로 해도 법도를 넘지 않는다. 70세
고희古稀 : 인생 70은 예로부터 드물다. 70세
회갑回甲 : 갑자년으로 되돌아왔다는 뜻. 61세

한자의 쓸모

메멘토 모리!
죽음을 기억하라

　낮이 지나면 밤이 오듯이 삶에는 반드시 죽음이 예정되어 있다. 삶은 모호하고 불확실하지만 죽음을 향해 가고 있다는 사실만큼은 틀림없다. 우리는 '하루를 살았다.'고 말하지만, 엄밀히 말하자면 하루가 죽음에 더 가까워진 것이다. 죽음, 그것은 지상의 모든 관계와 단절하는 것이며 모든 사랑하는 것과 영원히 헤어지는 것이다.

　죽음에 이르면 임종을 맞는다. 임종臨終은 끝에 임하다, 즉 죽음을 맞는 것이다. 부모가 돌아가실 때 그 곁을 지키는 것을 말하기도 한다. 목숨이 끊어지려고 하는 찰나가 임종의 순간이다. 철학자 칸트는 임종의 순간 '참 좋다.'고 했다고 한다. 생을 마치는 순간 사람들은 어떤 생각을 하는지 자못 궁금하다.

죽음을 일컫는 말은 참 많다. 죽었다는 말을 직접 꺼내지 않고 돌아가다, 잠들다, 떠나가다, 눈감다 등 돌려서 말한다. 누군가 죽는다는 것은 살아남은 이에겐 두렵고 미안한 일이다. 옛사람들은 죽음에도 귀천을 나누었다. 황제가 죽으면 붕崩이라 썼고, 제후나 대부가 죽으면 졸卒로 썼으며 일반인이 죽으면 사死라고 표현했다. 또한 역적이 죽으면 폐斃라고 썼다.

'유명幽明을 달리했다.'는 말도 있다. 유幽는 어둡다, 은밀하다는 뜻이니 어두운 저승을 뜻한다. 명明은 밝다는 뜻이니 밝은 이승이다. 저승과 이승을 달리했으니 죽은 것이다. 이 또한 죽음을 완곡하게 표현한 것이다. '과로로 쓰러져 유명을 달리했다.' 등과 같이 쓴다.

'타계他界했다.'고도 말한다. 타계는 우리가 사는 세계와 다른[他] 세계[界]이니 곧 죽음의 세계다. 귀인貴人이 죽었을 때 이 표현을 쓴다. 서거逝去도 있다. 이 또한 지위가 높은 사람이나 존경하는 사람이 죽었을 때 쓴다. 서거는 이 세상을 '떠나갔다.'는 뜻이다. 일반인이 죽으면 보통 하직下直했다고 한다. 승려의 경우는 '열반涅槃에 들었다.' 혹은 '입적入寂했다.'고 한다. 열반은 완전한 깨달음을 얻어 일체 번뇌와 고뇌가 사라진 상태다. 승려는 완전한 깨달음을 얻기 위해 도를 닦는다. 죽음이야말로 모든 번뇌의 얽매임에서 벗어나는 순간이다. 그러므로 죽는 것은 열반에 들어가는 것이다. 입적入寂은 적멸寂滅, 즉 번뇌의 세상을 완전히 벗어난 세계로 들어갔다는 뜻이다.

상가喪家에 가면 커다란 등에 '조弔'라고 쓴 글자가 매달려 있다. 조弔는 조상弔喪한다는 뜻이다. 조弔는 사람人이 활弓을 들고 있는 모습에서 나온 글자다. 인류 초기에는 사람이 죽으면 풍장風葬을 했다. 시체를 숲이나 들판에 버려 비바람에 자연히 없어지게 하는 장사법이다. 하지만 들판에 버리다 보니 종종 시신이 짐승들에게 훼손되곤 했다. 사랑하는 이의 몸이 들짐승에게 찢긴다고 생각해 보라. 그리하여 며칠은 밤새 활을 들고 시신 옆을 지키면서 들짐승이 가까이 오지 못하도록 했다. 하지만 오늘날엔 매장한다. 따로 시신을 지킬 필요가 없어졌다. 조弔의 속자인 조吊는 오늘날의 세태를 반영한다. 조吊는 입[口]으로 곡을 하는 것과 등에 매단 수건[巾]을 상징한다.

시신은 매장하거나 화장한다. 매장埋葬은 땅을 파서 묻는 것이고 화장火葬은 시신을 불에 태우는 것이다. 불교에서는 화장하는데 이를 다비茶毘라고 부른다. 시신을 태운 다음 유골만 거두어 매장한다. 다비는 한자 뜻과는 관계없는 인도어로 '태우다.'라는 뜻이다.

고대의 장례식 가운데는 임금이나 귀족이 죽었을 때, 살아 있는 아내나 신하, 종을 함께 장사 지내던 풍속이 있었다. 이를 순장殉葬이라고 한다. 순殉은 따라 죽는다는 뜻이다. 우리나라 고대 신라와 부여에서도 순장 풍습이 있었다. 남편을 잃은 여인을 이르는 미망인未亡人이라는 말은 이 풍습에서 나왔다. 미망인未亡人은 아직 죽지 않은 사람이란 뜻이다. 남자가 죽으면 당연히 따라서 함께 죽어야 하는데 아직 죽지 아니한 사람이 되고 만 것이다. 그러니 이 말에는 죽어야 하는데 아직 살아 있다는 뜻이 담겨 있다. 다분히 차별 의식이 담겨 있지만, 오늘날엔 과부에 대한 미칭으로 쓰고 있기에 사용 여부에 대해서는 논란이 분분하다. 이에 대한 대안으로 '고故 ○○○씨의 부인'으로 쓰자는 주장이 있다.

선조들은 집안의 화복禍福은 조상을 어떻게 섬기느냐에 따라 정해진다고 믿었다. 따라서 제사를 지내는 절차는 매우 정성스럽고도 조심스러웠다. 그 가운데 죽은 이를 불러들이는 의식인 '고복皐復'이 있다. 고皐는 부른다는 뜻이고 복復은 돌아온다는 뜻이다. 죽은 이의 옷깃을 잡고 지붕에 올라가 북쪽을 향해 죽은 사람의 이름을 세 번 부르는 의식이다. 이를 초혼招魂이라고 부른다. 김소월의 「초혼招魂」이라는 시가 유명하다.

시신을 매장하고 나면 신주를 만든다. 신주神主란 제사를 지낼 때 고인을 대신하는 위패다. 밤나무로 만들어 죽은 사람의 성함과 관직, 시호 등을 적었다. 다른 말로 위패位牌라고 부른다. 신주를 보관해 두는 단지를 신줏단지라고 한다. 신주에는 죽은 이의 혼이 깃들어 있다고 믿었으므로 매우 정성스럽게 보관했다. 어떤 물건을 아주 소중하게 다룰 때 '신줏단지 모시듯 한다.'고 하는 말은 그래서 생겼다. 신주는 3년 동안 빈소에 두었다가 사당에 보관하는데 그 비용이 만만치 않았다. 일반 평민에게 신주 모시는 일은 현실적으로 어려운 일이었다. 그리하여 나무 대신 종이를 사용하였는데 이것이 일반 가정에서 제사 때 사용하는 지방紙榜이다.

과거 로마에서는 전쟁에서 승리를 거두고 시가행진을 할 때 노예들을 행렬 뒤에 따라오게 하면서 '메멘토 모리(memento mori)'를 외치게 했다. 메멘토 모리는 죽음을 기억하라는 뜻이다. 오늘은 개선장군이지만 언젠가는 반드시 죽는다는 사실을 기억함으로써 겸손하게 살라는 의미를 담은 것이다. 우리는 곧 반드시 죽을 것이다. 죽음을 기억하는 것은, 죽기 위해서가 아니라 겸손하게 제대로 살기 위해서다. 무덤으로 갈 날

죽음을 기억하는 것은,
죽기 위해서가 아니라
겸손하게 제대로 살기 위해서다.

은 얼마 남지 않았다. 죽음을 기억한다면 인연을 좀 더 소중하게 여기고 삶을 좀 더 아끼며 살아갈 것이다.

 다시보기

임종臨終 : 끝에 임하다, 곧 죽음을 맞다. 부모가 돌아가실 때 그 곁을 지키는 것

유명幽明을 달리하다 : 저승[幽]과 이승[明]을 달리하다

타계他界 : 우리가 사는 세계와 다른[他] 세계[界]. 귀인貴人의 죽음을 표현

서거逝去 : 떠나갔다는 뜻. 지위가 높은 사람이나 존경하는 사람이 죽었을 때 표현

열반涅槃에 들다, 입적入寂하다 : 완전한 깨달음에 이르러 일체 번뇌가 사라진 상태를 일컫는 불교의 죽음

짧은 시간을
나타내는 말들

1780년 여름, 마흔네 살의 나이에 중국을 여행하게 된 연암 박지원은 말을 타고 가다가 다음과 같은 생각에 젖었다.

"한 점의 먹을 찍는 사이는 눈 한 번 깜박하거나 숨 한 번 들이쉬는 짧은 순간의 일이지만, 눈 한 번 깜박이고 숨 한 번 쉬는 사이에도 작은 옛날과 작은 오늘이 만들어진다. 그렇다면 하나의 '옛날'이나 하나의 '현재' 역시 큰 눈 한 번 깜박이거나 큰 숨 한 번 들이쉬는 '사이'라 말할 수 있다. 그 '사이'에서 이름을 날리고 공을 세우겠다고 욕심을 부리니 어찌 슬프지 않겠는가?"

이때 눈 한 번 깜박이고 숨 한 번 쉬는 사이가 바로 순식간瞬息間이다. 순瞬은 눈을 깜박인다는 뜻이고 식息은 숨을 한 번 들이쉬는 동안이다. 두보는 '눈 깜박이며 숨 쉬는 사이에 얻고 잃는다[得失瞬息之間].'고 했다.

별안간瞥眼間이란 말도 있다. 별瞥은 언뜻 스쳐 지나듯 본다는 뜻이니, 별안간은 눈 한 번 돌릴 사이의 짧은 시간이다. 삽시간霎時間도 있다. 삽霎은 가랑비 또는 이슬비를 말한다. 빗방울이 하늘에서 땅으로 떨어지는 사이의 시간이다. 이들보다 더 짧은 시간의 단위는 찰나刹那다. 일반적으로 찰나는 75분의 1초에 해당하는 극히 짧은 시간이다. 찰나는 인도어인 크사나(Ksana)를 한자로 옮긴 것이다. 한 불경에 의하면 사람 둘이 명주실을 양 끝에서 잡아당긴 후 명주실을 끊으면 그 끊는 순간에 64찰나가 존재한다고 한다. 순식간에 아침이 찾아오고, 삽시간에 점심이 지나는가 싶더니 일을 해보려는 찰나에 또 하루는 지나간다.

찰나의 반대 뜻은 영겁永劫이다. 겁劫은 인도어인 칼파(Kalpa)를 한자로 옮긴 것인데 인간이 상상할 수 있는 가장 긴 시간 단위다. 천지가 한 번 개벽한 다음 다시 개벽할 때까지 걸리는 시간이다. 또한 선녀가 사십 리나 되는 돌산을 백 년마다 한 번씩 옷을 스쳐 돌산이 전부 닳아 없어지기까지 걸리는 시간이기도 하다. 영겁은 그야말로 끝이 없는 영원한 시간이다.

한편 고전 문학에서 깊은 밤중이면 으레 삼경三更이라는 말이 많이 나온다. '이화梨花에 월백月白하고 은한銀漢이 삼경三更인 제 / 일지춘심一枝春心을 자규子規야 알랴마는 / 다정多情도 병인 양하여 잠 못 들어 하노라.'라는 잘 알려진 시조도 있다. 시인은 배꽃과 달빛이 흐드러진 봄밤에 이런저런 상념에 잠 못 들며 뒤척인다. 그 시간은 삼경으로 나타난다. 조지훈의 「승무」에서도 '이 밤사 귀또리도 지새우는 삼경三更인데'라고 하여 승무를 하는 고요한 시간을 삼경으로 말했다.

오늘날엔 하루를 24시간으로 나누지만, 예전에는 12시진時辰으로 나누었다. 하루 24시간을 두 시간씩 묶어 십이 간지로 나타냈다. 23시부터 새벽 1시까지 자시子時를 시작으로 삼아 다음의 두 시간은 축시丑時, 다음은 인시寅時, 이런 식으로 불렀다. 특히 저녁을 알리는 7시부터 새벽 5시까지의 밤 시간은 경更이라 불렀다. 1경은 저녁 7시부터 9시까지로 초경初更이라고도 했으며 이경二更은 밤 9시부터 11시까지였다. 이와 같이 하면 삼경三更은 밤 11시부터 새벽 1시까지의 시간이다. 곧 삼경은 자정 무렵, 깊은 한밤중을 대표하는 시간이다. 고전에 삼경三更이란 시간 단위가 자주 등장하는 것은 한밤중임을 나타내기 위해서다.

또한 하루에 해당하는 12시時 가운데 각각의 시時는 8각刻으로 이루어졌다. 흔히 "목숨이 경각頃刻에 달렸다."라고 하여 아주 짧은 시간을 경각이라 하는데 시간 단위로 치자면 15분分 가량이다. 각刻은 본래 물시계의 눈금에 새긴 시간 표시 단위였다. "촌각寸刻을 다투는 급한 일이야."라고 하여 촌각이라는 표현도 쓴다. 촌寸은 한 마디에 해당하는 아주 짧은 길이의 단위로, 각刻의 십 분의 일이 촌각寸刻이다. 곧 촌각은 1분 30초의 짧은 시간이다. 촌각은 촌음寸陰이라고도 한다. 『명심보감』에서는 '젊음은 쉬 늙고 학문은 이루기 어려우니 촌음의 순간도 가볍게 여기지 말라[少年易老學難成一寸光陰不可輕].'고 했다. 젊은 시절은 금방 지나고 할 일은 많으니 촌각을 아껴 부지런히 배움을 갈고 닦으라는 말이다. 허겁지겁 살아가는 사이 순식간에 세월이 지나가고 애꿎은 나이만 한 살 더 늘어 간다.

조선 후기 실학자인 이덕무는 "정신은 쉬 소모되고 세월은 빨리도 지나가 버린다. 하늘과 땅 사이에 가장 애석한 일은 오직 이 두 가지뿐이다."라고 한탄했다. 촌각을 다투는 찰나의 순간에도 수많은 생명이 태어나고 죽는다. 눈 한 번 깜박이고 숨 한 번 쉬는 순식간에 과거가 지나고 현재가 된다. 시간은 사람을 기다리지 않는다. 순식간의 찰나에 중요한 승패가 결정되기도 하니 순간순간의 삶은 그래서 소중하다.

 다시보기

순식간瞬息間 : 눈을 깜박이고 숨을 한 번 들이쉬는 시간

별안간瞥眼間 : 눈 한 번 돌릴 사이의 짧은 시간

삽시간霎時間 : 빗방울이 하늘에서 땅으로 떨어지는 사이의 시간

찰나刹那 : 75분의 1초

영겁永劫 : 천지가 한 번 개벽하고 다시 개벽할 때까지의 시간

삼경三更 : 자정 무렵. 밤 11시부터 1시까지 시간

각刻 : 물시계의 눈금에 새긴 시간 표시 단위로 한 시간의 8분의 1

촌각寸刻 : 촌寸은 각刻의 십 분의 일. 1분 30초의 짧은 시간

평생 해야 하는
공부

인간은 평생 공부하며, 수시로 '공부하라.'는 말을 듣는다. 공부는 꼭 책을 들여다보는 일만을 의미하지 않는다. 직접 부딪히며 실수를 통해 깨닫는 것도 모두 소중한 공부다. 공부工夫는 학문이나 기술을 배우고 닦는 일을 말한다. 왜 장인 공工에 아비 부夫 자를 쓰는 걸까? 공부라는 말은 불교의 주공부做工夫에서 비롯되었다. 주공부란 불가의 도를 열심히 닦는다는 뜻이다. 특히 참선에 힘을 기울이는 것을 말한다.

공부할 때는 간절히 해야 하고, 다른 생각을 말아야 하며, 앉으나 서나 의심하던 것에 집중해야 한다. 주자학에서는 몸과 마음을 갈고닦으며 학문을 기른다는 의미로 썼다. 공부의 본래 뜻으로 보자면, 공부는 단지 지식을 쌓는 것이 아니다.

자신을 성장케 하는 것이라면 무엇이든 공부가 될 수 있다.

공부 가운데 퍽 지겨운 것이 숙제宿題다. 학생만 숙제가 있는 것이 아니다. 인간은 죽을 때까지 배워야 하고 평생을 숙제와 씨름하다가 죽는다. 사는 일 자체가 큰 숙제 아니던가? 숙제 때문에 밤을 새우던 추억을 누구나 가지고 있다. 숙제의 숙宿에는 '자다.'라는 뜻 외에도 '오래되다.'는 뜻이 있다. 제題는 제목 혹은 문제란 뜻이다. "주제主題 파악 좀 해라."라고 할 때 주제란 중심이 되는 문제란 뜻이다. 곧 숙제宿題란 '오래 두고 생각해야 할 문제'다.

숙제는 조선 시대부터 있었다. 서당에서 시회詩會라 불리는 시모임이나 글짓기 대회를 할 때, 미리 글의 제목을 학생들에게 알려주어 집에서 생각할 시간을 주었는데 이를 숙제라 했다. 지금은 두고두고 해결해야 할 문제란 뜻으로도 쓰인다. 어떤 일이 풀리지 않는 상태로 남아 있을 때 '이 일은 앞으로 해결해야 할 숙제야.'라고 말한다. 숙제는 항상 풀기가 어렵다.

공부를 좋아하는 학구적學究的인 사람도 있다. 공부와 연구에만 힘을 쏟는 사람을 보면 '저 사람은 참 학구적이야.'라고 말한다. 학구적學究的이란 학문 연구에 몰두한다는 뜻이다. 학구적이라는 말이 지금은 긍정적인 느낌을 주지만, 학구의 본래 의미는 그리 좋지 않았다. 당나라 때 관리를 선발하는 방식 중에 명경과明經科가 있었는데 다섯 가지 경전을 전부 치르는 과목이 있는 반면 한 개의 경전만 치르는 과목도 있었다. 한 개만 치르는 과목을 학구일경學究一經이라 했다. 이 과목은 경전 한 구절이 출제되면 앞뒤 구절을 외워 쓰는 것이었다. 암기만 잘하면 되는 데다 많은 노력이 필요하지 않았으므로 실력이 낮은 사람들이 몰려들었다. 이 응시자들을 학구學究라 불렀다. 곧 학구는 책 한 권만 읽어도 되는 기초 실력자에 불과했다. 이후에 학구는 구석진 시골의 훈장 선생이나 서생을 가리키는 말로도 쓰이게 되었다. 그리하여 학구에는 학문에만 열중하여 세상 물정을 모르는 사람을 비유하는 뜻도 담게 되었다. 안중근 의사는 "하루라도 책을 읽지 않으면 입안에 가시가 돋친다[一日不讀書 口中生荊棘]."라고 했다. 이런 태도로 학구열을 불태우면 못 이룰 일이 없다.

때로는 제자가 스승을 뛰어넘는 일도 있다. 스승보다 제자가 뛰어난 것을 청출어람青出於藍이라고 한다. 청青과 람藍은 색깔을 가리키는데, 청은 푸른색, 람은 쪽빛이다. 순자의 「권학편勸學篇」에는 "학문은 그쳐서는 안 된다. 푸른색은 쪽에서 취했지만 쪽빛보다 더 푸르고 얼음은 물에서 생긴 것이지만 물보다 차갑다."라고 했다. 푸른색은 쪽이라 불리는 1년

생 풀에서 나왔지만 본래 원료인 쪽보다 더 푸르다. 마찬가지로 제자는 스승을 통해 배우지만 공부를 그치지 않으면 스승보다 더 뛰어난 실력을 갖출 수 있다. 청출어람을 줄여 출람 出藍이라고도 한다.

스승이 곁에 없더라도 배움은 가능하다. 비록 스승을 직접 볼 수 없더라도 그 사람의 인격이나 학문을 본으로 삼아 배우면 된다. 이를 사숙私淑이라 한다. 사사로울 사私는 '남몰래 마음속으로'라는 뜻이다. 숙淑은 사모한다는 뜻이다. 곧 사숙이란 직접 가르침을 받을 수 없지만, 마음으로 사모하여 본받고 배우는 행위다. 맹자는 공자의 인품을 그리워하여 다음과 같이 말했다.

"군자가 끼친 덕은 다섯 세대면 끊어지고 소인이 끼친 은 덕도 다섯 세대면 끊어진다. 나는 공자님의 제자가 되지 는 못했지만 나는 사람들에게서 사숙私淑 받았다."

공자와 맹자의 거리는 구십 년이므로 살아 있는 세상에서는 서로 만날 수가 없었다. 그러나 공자가 남긴 언행과 성품은 후대의 맹자에게 큰 영향을 끼침으로써 공자의 도를 배우고 전할 수 있었다. 꼭 눈앞에 있어야만 배울 수 있는 것은 아니다. 직접 볼 수 없더라도 사숙을 함으로써 멘토로 삼을 수 있다.

연암 박지원은 말했다.

"학문의 길은 다른 것이 없다. 모르는 것이 있으면 길 가는 사람을 붙잡고라도 물어야 한다. 설사 아랫사람이 나보다 한 글자라도 많이 안다면 먼저 그에게 배워야 한다."

모르는 것은 부끄러운 일이 아니다. 모르는 것을 '아는 척', 아는 것을 '잘난 척'하는 태도가 부끄러운 것이다.

 다시보기

숙제宿題 : 숙宿은 오래되다, 제題는 문제라는 뜻. 오래 두고 생각해야 할 문제
학구적學究的 : 학문 연구에 몰두하는 것
청출어람靑出於藍 : 푸른색은 쪽빛에서 나왔다. 제자가 스승보다 뛰어남을 이르는 말
사숙私淑 : 직접 가르침을 받지 않았으나 마음으로 본받고 배우는 일

과거 시험에서
나온 말

　인생은 시험의 연속이다. 싫든 좋든 각종 시험이 기다리고 있다. 시험이 있는 곳엔 각종 문제가 터진다. 부정행위부터 특혜와 공정성 시비에 이르기까지 시험을 둘러싼 각종 부조리가 도마 위에 오르곤 한다. 비단 오늘날뿐만 아니라 옛날에도 시험을 둘러싼 잡음은 끊이지 않았다.

　옛날에 가장 중요한 시험은 과거였다. 과거 합격은 입신양명立身揚名의 유일한 통로였다. 아무리 권세 있는 가문이라도 2대에 걸쳐 과거 급제자가 나오지 않으면 한미한 가문으로 전락했다. 게다가 과거는 본래 3년마다 한 번씩 치렀기에 시험을 한 번 치를 때마다 수만 명의 응시생이 모여들었다. 과거 시험엔 각종 부정행위가 속출했다. 시험장에서의 커닝이 공공연했으며 답안지 바꿔치기, 대리 시험 등도 있었다. 심지어는 시험 감독관을 매수하는 일까지 일어났다. 시험의 공정성이 의심받자 과거에 응시한 사람의 친척은 감독관을 맡지 못하는 법을 만들었다. 이를 회피回避라 한다. 회피의 범위를 넓혀 과거에 급제한 후 임용된 관리는 자신의 고향에 부임할 수 없도록 했다. 아무래도 인정에 끌리는 정사를 펼칠 수 있기 때문이었다. 회피回避는 빙 둘러서 피한다는 뜻이다. 어떤 일을 직접 하거나 부딪치기를 꺼리고 피하는 것을 말한다. 유혹이나 시험을 이길 수 없을 것 같으면 미리 피하는 게 현명하다.

대책對策도 과거에서 나온 말이다. 대책은 본래 조선 시대 과거 과목의 하나였다. 대對는 대답한다는 뜻이다. 책策은 문과 시험 과목의 하나로, 정치에 대한 계책을 묻고 그에 대한 답을 적게 하는 시험을 가리킨다. 이를 책문策文이라고 부른다. 시험 문제인 책策을 응시생의 책상 위에 올려놓으면 응시자는 책문을 보고 자신의 견해를 말했다. 책문의 문제 유형은 오늘날 논술 문제와 거의 비슷했다. 책문策文에 대답對答한다고 하여 이를 대책對策이라 하였다. 대책對策을 미리 세워야 후회하는 일이 적다.

난장판亂場板도 과거장의 풍경에서 나왔다. 난장판의 난

亂은 '어지럽다.'는 뜻이고, 장場은 '과거장'을 가리킨다. 과거 시험을 한 번 치를 때마다 전국에서는 수많은 선비가 몰려들었다. 서로 좋은 자리를 차지하기 위해 과거장 들어가는 문으로 한꺼번에 우르르 몰려들다가 사람이 밟혀 죽는 일도 생겨났다. 과거장에서 무사히 빠져나온 사람을 일러 '열 가운데 아홉은 죽고 하나만 남았다.'는 덕담이 생길 정도였다. 난장판은 여러 사람이 함부로 떠들거나 뒤죽박죽이 된 상태를 말한다. 혼란스럽고 소란스러운 과거장의 풍경은 난장亂場이란 말을 만들어냈다.

압권壓卷도 과거 시험과 관련 있다. 압권은 가장 뛰어난 것을 가리키는 말이다. 압壓은 누른다는 뜻이고 권卷은 책을 가리킨다. 곧 압권은 '책을 누른다.'는 뜻이다. 수많은 과거 답안지를 채점하고 나면 최종 합격한 답안지를 임금에게 바쳤다. 합격한 답안지 가운데서도 가장 뛰어난 답안지를 맨 위에 올려 임금의 승인을 받았다. 임금이 허가하면 맨 위의 답안지는 장원급제가 되었다. 곧 가장 뛰어난 답안지가 다른 답안지를 누르고 있는 상황이 압권이었다.

옛날의 시험은 과거가 거의 유일했지만 오늘날엔 수많은 종류의 시험이 있다. 각종 자격증 시험이 있고, 고시考試와 고사考査도 있다. 치열한 경쟁 사회에서 시험은 여러 관문을

통과하기 위한 객관적인 통로이기도 하다. 그러므로 시험은
오류가 없어야 하고 공정해야 한다.

 다시보기

회피回避 : 빙 둘러서 피한다라는 의미로, 과거에 응시한 사람의 친척
 은 감독관을 맡지 못하게 하는 회피 제도를 만든 데시 유래
대책對策 : 과거 시험 과목의 하나로, 책문에 대답한다는 의미의 대책
 對策에서 유래
난장판亂場板 : 어지러운 과거장이라는 뜻. 혼란스럽고 소란스러운
 과거장의 풍경에서 나온 말
압권壓卷 : 책을 누른다는 뜻. 가장 뛰어난 과거 답안지를 맨 위에 올
 려놓은 데서 '여럿 가운데 가장 뛰어난 것'이라는 의미가 생김

한자의 쓸모

기氣와 관련된
생활어

모든 생명체에는 기氣라는 에너지가 있다. 기는 우주 만물에 널리 퍼진 생명의 근원으로서 철학에서도 중요한 개념이다. 맹자는 기는 크고 공명정대한 것이므로 해치지 말고 호연지기浩然之氣를 길러야 한다고 했다. 호연지기란 매우 크고 굳세며 올바른 기운이다. 그리하여 일상에도 기氣와 관련한 생활어가 참 많다.

사람 몸 안에는 기가 가득 차 있어서 힘이나 활동과 관련된 말에는 으레 '기氣' 자가 들어간다. 힘이 센 사람에겐 기운氣運이 세다고 하고 반대로 몸이 약한 사람에겐 기력氣力이 다했다고 한다. 어이없는 일을 당하면 기氣가 막힌다고 하고 풀이 죽으면 기氣가 죽는다고 한다. 기가 끊어지면 어떻게 될까? 기절氣絶하게 된다. 기절은 '기가 끊어지다.'는 뜻이다. 기가 끊어지면 숨이 막히게 되어 정신을 잃게 된다.

기가 잘 흐르지 않고 답답한 상태가 되면 기분氣分이 우울해진다. 반대로 기가 충만하면 사기士氣가 하늘을 찌르고, 피곤한 기운이 사라지면 원기元氣를 회복하게 된다. 그러다가 지나치게 기가 높아지면 기고만장하게 된다. 기고만장氣高萬丈이란 '기가 만 길이나 높아졌다.'는 뜻이다. 우쭐해져서 뽐내는 기세가 만 길이나 될 정도로 엄청나진 것이다.

인간의 기운을 받으면 인기人氣가 올라간다. 인기人氣란 '사람의 기운'이다. 인기가 없어졌다는 것은 사람들의 관심이 사라진 것이다. 연예인은 사람들의 관심이 없으면 의미 없는 존재가 된다. 부정적 이미지든 긍정적 이미지든 사람의 기운을 받아야 힘이 난다. 이들에게 대중의 인기는 생명과도 같다. 반대로 기운이 다하게 되는 상태는 기진맥진이다. 기진맥진氣盡脈盡은 '기운이 다하고 맥박이 다하다.'는 뜻으로 스스로 몸을 가누지 못할 정도로 기력이 다한 상황이다.

한편 기를 모으는 것이 기합氣合이다. 기합은 단체생활에서 육체적 고통을 받는 것이다. 하지만 본래의 의미는 정신이 해이해져 기氣가 흐트러졌을 때 정신을 하나로 모으기 위해 받는 것이다. 그리하여 집중을 위해 소리를 낼 때 '기합 소리

를 낸다.'고 말한다. 동기同氣란 말도 있다. '같은 기'라는 뜻
이다. 형제나 자매는 부모님께 같은 기운을 받고 태어난 존재
다. 따라서 동기는 형제자매를 뜻한다.

　반면 고약한 냄새를 풍기는 기도 있다. 바로 방귀다. 방귀
는 방기放氣가 변한 말이다. 방放은 '놓다.'는 뜻이니 방귀란
나쁜 기를 내놓는다는 의미다.

　계절이 바뀌는 환절기가 되면 어김없이 감기感氣가 찾아
온다. 감기는 찬 '기운[氣]에 감염되다[感].'는 뜻이다. 차가운
기氣가 몸 속에 들어가 감기에 걸리면 몸이 오싹해지고 콧물
이 줄줄 흐른다. 건강한 생활을 하려면 따뜻한 기가 온몸에
퍼져야 한다.

 다시보기

　기氣 : 모든 생명체에 있는 에너지로, 우주 만물에 퍼져 있는 생명의
　　　　근원
　기절氣絶 : 기가 끊어짐
　기고만장氣高萬丈 : 기가 만 길이나 높아지다
　기진맥진氣盡脈盡 : 기운이 다하고 맥박이 다하다
　동기同氣 : 부모님께 같은 기운을 받고 태어난 형제자매
　방귀 : 나쁜 기를 내놓는다는 뜻의 방기放氣가 변한 말
　감기感氣 : 찬 기운[氣]에 감염되다[感]는 뜻

삶의 주인은 나,
스스로 자自 이야기

누구나 삶에는 고통이 따르고 해결해야 하는 문제가 있다. 주변의 도움을 받기도 하지만 궁극적으로는 스스로 짊어지고 스스로 풀어가야 한다. 매사에 자신을 스스로 믿고 자신이 스스로 긍지를 갖고 살아야 한다. 이 자신감自信感과 자긍심自矜心으로 눈앞의 일들을 멋지게 헤쳐나가야 한다. '스스로'를 뜻하는 글자가 '자自'다. 자自는 본래 사람의 코를 나타낸 글자였지만 후에 '스스로'라는 뜻으로 바뀌었다. 대신 '코'라는 뜻은 '줄 비畀'를 보태 '코 비鼻'를 만들었다. 스스로 자自와 관련된 일상의 말을 알아보자.

남이 나를 칭찬하면 기분이 좋다. 칭찬해 주는 사람이 없으면 자기가 스스로 칭찬하기도 한다. 자신이 한 일을 스스로 칭찬하는 것을 자화자찬自畵自讚이라고 한다. 자화자찬은 본래 회화繪畵에서 나온 말이다. 예전에는 그림을 그리고 나면, 그림의 여백에 주인공을 칭찬하고 논평하는 글을 적곤 했다. 그 글을 찬贊이라고 한다. 특별히 자기가 그린 자화상自畵像에 자기 스스로 찬贊을 지어 붙이기도 했다. 이를 자화자찬自畵自讚이라 한다. 자기가 그린 그림을 자기 스스로 칭찬한다는 뜻이다. 정확히 풀이하자면 자기의 자화상에 칭찬하는 평을 하는 것이다. 자화자찬은 요즘 식으로 말하면 자기 PR이라고 할 수 있겠는데, 자만自慢이 아닌 자신감으로서의 자기 과시는 긍정적으로 보아도 좋겠다.

반면 자신을 스스로 학대하고 자기를 버리기도 한다. 이를 자포자기自暴自棄라고 한다. 본래 자포자기는 맹자의 말에서 나왔다. 맹자에 의하면 자포自暴는 자신을 스스로 해치는 것이고 자기自棄는 자신을 스스로 버리는 것이다. 맹자는 자포自暴는 예의와 도덕을 헐뜯는 사람이고 자기自棄는 인의仁義를 버리는 사람이라고 하면서 이들과는 함께 대화하거나 행동할 수가 없다고 했다. 이 말뜻이 바뀌어 오늘날 자포자기는 자신을 스스로 포기하고 돌아보지 않는다는 뜻으로 사용한다. 될 대로 대라는 식으로 아예 체념하는 태도다. 인생의 앞날은 내일도 어찌 될지 모르는 법이다. 절망의 끝에

서더라도 포기하지 말고 믿고 내일을 기다려야 한다.

자승자박自繩自縛도 있다. 자기 밧줄로 자기를 묶는다는 뜻이다. 자신이 한 말과 행동으로 오히려 자신이 꼼짝 못 하게 되는 경우에 쓴다. "잔꾀를 부리더니 결국 자승자박이 되었군."과 같이 쓴다. 자기가 한 일의 결과를 자신이 받기도 한다. 이것은 자업자득自業自得이다. 자기가 저지른 일을 스스로 받는다는 뜻이다.

삶의 주인은 그 누구도 아닌 '나'다. 남에게 보여주기 위해서 사는 삶이 아니다. 누구에겐가 이끌려 가는 삶이 아니라 내가 이끌고 가는 삶이어야 한다. 내가 스스로 좋아하니까, 하고 싶으니까 나아가는 삶일 뿐이다. 내가 속한 곳에서 주인이 되어 살아간다면 그 자리가 행복의 자리다.

 다시보기

자 自 : 본래 사람의 코를 나타낸 글자에서 '스스로'라는 의미로 바뀜

자화자찬 自畵自讚 : 자기 그림에 자기가 징찬하다. 자기가 한 일을 스스로 자랑하는 것

자포자기 自暴自棄 : 자신을 해치고 자기를 버리다. 스스로를 포기하고 돌아보지 아니함

자승자박 自繩自縛 : 자기의 줄로 자기를 묶는다는 의미로 자기가 한 말과 행동에 자신이 얽매어 곤란하게 되는 것

자업자득 自業自得 : 자기가 저지른 일을 자기가 얻는 것

뜻도 모르고 쓰는
속담

속담은 예로부터 전해지는 조상들의 지혜가 담긴 표현이다. 속담에는 깊은 뜻을 비유적으로 표현하고 있는 문장이 많아서 그 의미를 정확히 모른 채 쓰는 경우가 많다.

'자다가 봉창封窓 두드린다.'는 속담이 있다. 봉창은 벽을 뚫어서 조그만 구멍을 내고 창틀 없이 안쪽으로 종이를 바른 창문을 말한다. 과거 시골의 흙벽돌집에는 문틀도 없이 종이만 발라놓아 창문 흉내를 낸 봉창을 만들었다. 봉창은 환기하거나 빛을 들어오게 하기 위한 용도일 뿐 여닫을 수 있는 정상적인 창문은 아니었다. 방 안에서 자고 있는데 누군가가 부르는 소리에 깨어나 비몽사몽간에 봉창을 창문인 줄 알고 두드리며 웅얼거리는 상황에서 나온 말이다. 상황과 전혀 관계없는 엉뚱한 행동이나 말을 할 때 이 말을 쓴다.

'목구멍이 포도청捕盜廳'이라는 속담도 있다. 먹고살기 위해서라면 체면에 어긋나는 일이나 염치없는 짓도 한다는 뜻이다. 포도청의 포捕는 잡는다는 뜻이고 도盜는 도둑이다. 곧 포도청은 도둑을 잡아들이는 관청이다. 오늘날의 경찰서라 하겠다. 포도청은 도둑을 잡는 일을 비롯한 순찰과 풍속단속을 맡았다. 포도청의 우두머리는 포도대장이고 그 밑에 포졸이 있었다. 목구멍이 포도청이란 말은 목구멍, 즉 먹고사는 문제로 나쁜 짓을 저질러 포도청에 오게 되었다는 뜻이다.

틀림없이 될 것이 확실한 상황이면 '떼어 놓은 당상堂上'이라고 한다. 따 놓은 당상이라고도 한다. 여기서 당상堂上은 정3품 이상의 벼슬을 말한다. 이들 관원을 당상관堂上官이라 하는데 이들은 오직 자신들만 망건에 옥관자와 금관자를 달고 다녔다. 그리하여 옥관자, 금관자도 당상이라고 불렀다. 옥관자, 금관자는 당상관 외에는 가져갈 리 없고, 부식되지 않는 재료로 만들어 변하는 일이 없다. 떼어 놓은 당상이란 따로 떼어 놓은 옥관자, 금관자처럼 자신이 차지하게 될 것이 틀림없는 일이다.

'서당 개 삼 년이면 풍월風月을 읊는다.'는 말도 있다. 당구풍월堂狗風月로 쓰기도 한다. 어떤 분야에 지식과 경험이 전혀 없는 사람이라도 그 분야에 오래 있다 보면 얼마간의 지식과 경험을 갖게 될 때 쓰는 속담이다. 풍월은 음풍농월吟風弄月의 준말이다. 음풍농월은 바람을 읊고 달을 즐기는 것이다. 곧 자연 속에서 맑은 바람을 쐬며 노래를 읊고, 밝은 달을 보며 시를 짓는 것이다. 옛사람들은 평소 시를 짓고 즐겼다. 아무것도 모르는 서당 개도 서당 옆에서 시 짓고 읊조리는 소리를 오랫동안 듣게 되면 저절로 따라 하게 된다는 것이다. 아무리 아는 게 없어도 오랫동안 듣거나 보게 되면 그 분야에 저절로 유식해진다. 경험은 무서운 무기다.

 다시보기

자다가 봉창封窓 두드린다 : 비몽사몽간에 봉창을 창문인 줄 알고 두드린다는 뜻에서 상황과 전혀 관계없는 엉뚱한 행동이나 말을 할 때 사용

목구멍이 포도청捕盜廳 : 먹고사는 문제로 나쁜 짓을 저질러 포도청에 오게 되었다는 뜻으로 먹고살기 위해서라면 체면에 어긋나는 일이나 염치없는 짓도 하는 것을 말함

서당 개 삼 년이면 풍월風月 읊는다 : 당구풍월堂狗風月. 서당 개도 서당 옆에서 시 짓고 읊조리는 소리를 오랫동안 들으면 저절로 따라 하게 되듯이 그 분야에 오래 있으면 어느 정도 지식과 경험을 갖게 된다는 뜻

세 치의 무기,
혀

상처를 주는 말은 잠깐이지만 그 상처를 아물게 하는 데
는 평생이 걸리기도 한다. 한번 혀를 잘못 놀리면 그동안의
공든 탑이 와르르 무너질 수도 있고 말 한마디로 천 냥 빚을
갚기도 한다. 혀는 짧지만 아주 무서운 무기다. 혀를 삼촌설
三寸舌이라 부른다. 혀는 세 치밖에 되지 않지만, 천하의 기
세를 바꾸기도 한다.

옛날 중국의 춘추 전국 시대에는 유세가遊說家가 있어서
총이나 칼이 아닌 말로 천하를 쥐락펴락했다. 특히 '장의'라
는 유세가는 오직 혀 하나를 잘 놀려 진나라의 재상에 오르고
진시황이 천하를 통일하는 데 초석을 만들었다. 반면 한비자
는 혀가 어눌해 감옥에서 사약을 받고 죽었으며 사마천은 친

구를 변호하는 말을 하다가 궁형宮刑을 당했다.

남에게 헐뜯는 말을 듣게 되는 운수를 구설수口舌數라고 한다. 수數는 보통은 '숫자'의 뜻이지만 여기서는 운수를 의미한다. "말 한 번 잘못했다가 공연히 구설수에 올랐네."라고 말한다. 구설수는 입과 혀를 잘못 놀려 어려운 일을 겪게 되는 것이다. 글은 잘못 쓰면 고치면 되지만 말은 뱉고 나면 주워 담을 수가 없다. 한마디의 공연한 말로 여러 사람의 입방아에 오르내리는 일은 참으로 피곤하다. 쓸데없이 구설에 오르지 않으려면 말을 신중하게 해야 한다.

'남아일언중천금男兒一言重千金'이라는 말도 있듯이 말은 천금만큼 무거워야 한다. 한번 뱉은 말은 주워 담기 어렵다. 했던 말을 다시 번복하는 것을 식언食言이라고 한다. 식언은 말을 먹다, 즉 '말을 삼킨다.'는 뜻이다. 했던 말을 다시 번복하는 것이니 약속을 어기는 것이다. 사람[人]의 말[言]을 믿음[信]이라 한다. 믿음이란 서로에게 진실되고 약속을 지키는 데서 만들어진다. 사람들은 너무나 쉽게 말하고 쉽게 말을 되돌린다. 철학자인 비트겐슈타인은 '말할 수 없는 것에 대해서는 침묵을 지키라.'고 했다. 말은 아무리 신중해도 지나치지 않다.

말을 삼키면 식언食言이 되지만 말을 잘못 내뱉으면 실언

失言이 된다. 실언失言은 말을 실수하는 것이다. 공자는 "말을 해야 할 사람에게 말을 하지 않으면 사람을 잃고[失人], 말을 해서는 안 되는 사람에게 말을 하면 말을 잃는다[失言]."라고 했다. 곧 실언은 해서는 안 될 말이다. 유명인의 실언이 그동안 쌓은 이미지를 와르르 무너뜨리는 것을 종종 본다. 말을 함부로 내뱉다가 사람도 잃고 명예도 잃는다.

위험한 말 가운데는 궤변詭辯도 있다. 상황이 불리하거나 변명을 하다 보면 이리저리 둘러대어 합리화할 때가 있다. 얼핏 들으면 옳은 것 같지만 실제로는 억지 주장에 불과하다. 이처럼 얼핏 타당해 보이는 논증을 이용해 거짓을 참인 것처럼 보이게 하는 말을 궤변이라고 한다. 궤변의 궤詭는 '속인다.'는 뜻이고 변辯은 '말을 잘한다.'는 뜻이다. 겉으로는 제법 그럴듯해 보이지만 실제로는 남을 속이는 말이다. 흔히 "그런 말도 안 되는 궤변이 어디 있어?"라고 할 때 쓴다.

날아다니는 말도 있다. 사회가 혼란하면 루머와 뜬소문이 돌아다닌다. 근거도 없이 떠돌아다니는 말을 유언비어流言蜚語라고 한다. 유언流言은 흘러다니는 말이고, 비어蜚語는 날아다니는 말이다. 비蜚는 본래 고약한 냄새를 풍기는 날아다니는 풍뎅이를 의미했는데, 날 비飛와 음이 같아 서로 같은 뜻으로 썼다. 곧 유언비어는 실체도 없이 냄새를 풍기는 뜬소문이다. 사회 기반 인터넷 서비스가 일상화된 오늘날, 악의적인 유언비어를 순식간에 퍼뜨려 누군가에게 치명적인 상처를 주는 일이 많다. 떠도는 말을 쉽사리 믿지 말고 정보를 올바로 판단하는 지혜가 필요하다.

감언甘言도 조심해야 할 말이다. 감언의 감甘은 달다는 뜻이니 감언은 달콤한 말이다. 환심을 사기 위해 하는 말, 비위를 맞추는 말은 달콤하다. 그러나 마음을 썩게 한다. 단맛이 건강을 해치듯 달콤한 말 또한 마음을 해친다. 비위를 맞춰 주는 말은 당장은 꿀맛 같지만, 내면을 망가뜨린다. 좋은 약은 입에 쓰나 몸에는 좋고, 충성스런 말은 귀에 거슬리나 행함에는 이롭다는 말이 있다. 달콤한 감언甘言을 사랑하지 말고 고언苦言을 가까이해야 한다. 고언苦言은 쓴 말이다. 쓴 말은 당장은 거슬려도 사람을 성장하게 한다.

노자는 진실한 말은 아름답지 않고 아름답게 꾸민 말은 미덥지 않다고 했다. 진실한 말은 번지르르 꾸미지 않는다. 또 낯빛을 꾸미며 남의 구미에 맞추는 말인 교언영색巧言令色은 진실하지 않다. 교언영색을 일삼는 자는 착한 이가 드물다.

다시보기

구설수口舌數 : 다른 사람의 입에 오르내려 어려움을 겪게 될 운수

식언食言 : 입 밖에 냈던 말을 도로 삼키다. 약속을 어기는 것

실언失言 : 말을 잘못 놀리다. 실수로 잘못 말하는 것

유언비어流言蜚語 : 흘러다니는 말과 날아다니는 말, 곧 아무 근거
　　　없는 뜬소문

감언甘言 : 달콤한 말. 남의 비위에 맞춘 듣기 좋은 말

교언영색巧言令色 : 교묘한 말과 좋게 보이려는 얼굴빛. 남에게 잘
　　　보이려는 아첨의 태도

258
한자의 쓸모

독毒이 되기도,
약藥이 되기도 하는 술

술은 인류 역사에서 인간의 희로애락喜怒哀樂과 함께 해 왔는지라 술 문화에서 비롯된 생활어도 참 많다. 술 주酒는 본래 술동이를 나타낸 酉(주)에서 비롯되었다. 오늘날도 '酉'를 부수로 하는 글자들은 대체로 술과 관련이 있다. 이 글자를 '유'로 발음하게 되자 술의 뜻을 나타낸 氵(水)'를 더해 술 주酒를 만들게 되었다. 곧 주酒는 항아리[酉]에 가득 담긴 술 [氵]이란 뜻이다. 술은 사람을 미치게 한다고 해서 발광주發 狂酒라고 부르기도 하며 근심을 잊게 해준다 하여 망우물忘 憂物이라고도 부른다.

플라톤은 "술은 신들의 음료"라며 극찬하기도 했지만 "젊 었을 때는 술을 멀리하라. 술은 정신과 육체를 함께 망친다."

라며 경계하기도 했다. 박지원의 『양반전兩班傳』을 보면 "술을 마셔 얼굴이 붉게 해서도 안 되며, 손으로 찌꺼기를 긁어 먹지 말고 혀로 술 사발을 핥아서도 안 된다. 남에게 술을 굳이 권하지 말며 어른이 나에게 굳이 권할 때는 아무리 사양해도 안 되거든 입술만 적시는 것이 좋다."라고 하였다. 독毒이 되기도 하고 약藥이 되기도 하는 것이 술이다.

한국인에게 가장 사랑받는 술은 소주燒酒다. 소주는 고려 후기 몽골에서 들어왔다고 한다. 소燒는 불이 타오른다는 뜻이니 소주는 불타는 술이다. 소주燒酒 대신 소주燒酎라고 쓰기도 한다. 왜일까? 주酎는 불에 탈 만큼 순도가 높은 전국술을 의미한다. 잡물이 섞이지 않은 순수한 술로, 여러 번 되풀이해서 증류하게 되면 알코올 농도가 매우 높아진다. 증류수인 소주의 본래 도수는 굉장히 높았다.

오늘날 순한 맛을 선호하는 현대인의 입맛에 맞추느라 도수가 많이 낮아졌다. 요즘의 소주는 증류수가 아닌 희석식稀釋式이므로 소주燒酎가 아닌 소주燒酒라고 써야 옳다. 예전에는 소주의 독한 도수를 이용해 기생충을 없애는 데 사용하기도 했다. 고춧가루를 소주에 타서 한 모금 마시면 감기에 일정한 효과가 있다는 실험 결과도 있다.

술에는 안주按酒가 따르기 마련이다. 안按은 '누르다.'는 뜻이니 안주는 술기운을 눌러준다는 의미다. 안주의 안按은 편안할 안安과 통용하기도 한다. 이익의 『성호사설』에서는 술안주를 안주安酒라 하여 '속을 편하게 하는 것'이라 하였다. 주酒 뒤에 사악할 사邪 자가 붙은 것이 술주정인 주사酒邪다. "사람의 겉모습은 눈으로 보지만 속은 술로 본다."라는 말이 있다. 취해서 제멋대로 내뱉은 말이나 행동이 후회되는 결과를 초래하기도 한다.

흔히 서양 사람들의 술 문화는 '자기 술잔을 스스로 마신다.' 하여 자작문화自酌文化라 부르고, 중국이나 러시아는 서로 잔을 마주한다 하여 대작문화對酌文化라 한다. 우리나라는 술잔을 주고받는 수작문화酬酌文化의 전통이 있었다. 수작酬酌이란 술잔을 서로 주고받는다는 뜻이다. 갚을 수酬는 본래 주인이 손님에게 술을 따라주는 것을 뜻했다. 일한 대가로 주는 돈인 보수報酬의 어원은 '보답하는 뜻에서 술을 한잔 따라준다.'는 뜻이었다. 반면 작酌은 손님이 주인에게 따르는 것이다. '알맞게 헤아리다.'의 뜻인 참작參酌은 술을 따를 때 넘치지도 모자라지도 않게 적당히 따라주는 것이다. 어림잡아 헤아리는 것은 짐작斟酌이다. 짐斟은 속이 보이지 않는 불투명한 술잔이다. 곧 짐작은 속이 보이지 않는 술잔에 술을 따르는 것이었다. 잔에 술이 얼마나 찼는지 보이지 않았으므로 술을 따르는 사람이 어림잡아 헤아리며 부어야 했다. 곧, 술을 권하는 것이 수酬이며 술을 다시 따라주는 것이 작酌이다.

우리 백성들은 정을 나누는 마음을 귀하게 여겼다. 이런 정서가 음주 문화에도 뿌리를 내려 술을 권하는 권주 문화가 일상화되었다. 수작은 서로 말을 주고받는다는 뜻으로도 쓰이다가 1940년 이후엔 남을 속이는 말이나 행동을 낮추어 뜻하는 말로 쓰이고 있다. "허튼 수작하지 마라."라고 할 때 이 말을 쓴다. 술자리에서 술잔을 주고받으면서 말을 섞다 보면 속 보이는 짓을 하는 것이다.

건강이나 행운을 기원할 때면 술잔을 높이 치켜들고 '건배乾杯'라고 외친다. 건배에 대해 성공을 기원하면서 술잔을 높이 쳐든다는 뜻으로 알고 있으나 글자를 따져보면 전혀 그렇지 않다. 하늘 건乾에는 '마르다.'는 뜻도 있다. 이때는 본래 '간'으로 발음해야 한다. 배杯는 나무로 만든 술잔이다. 따라서 건배는 '술잔을 마르게 하다.', 즉 술잔의 술을 남김없이 비운다는 뜻이다. 영어로는 '원샷'이다. 건배에는 술잔을 다 비우라는 뜻이 있으므로 술을 마시지 못하는 사람을 배려해서 '축배祝杯'를 외쳐도 좋겠다. 축배는 축하하는 뜻을 담아 마시는 술이란 뜻이다.

축배의 반대가 고배苦杯다. 흔히 쓰라린 일을 당할 때 '고배를 마셨다.'고 표현한다. 고苦는 풀 초艹를 부수로 하는 데서 알 수 있듯, 본래는 맛이 쓴 '씀바귀'를 의미했다. 맛이 쓰면 먹기가 힘이 드니 '괴롭다, 힘들다.'는 뜻이 나왔다. 고배苦杯는 '쓴 잔'으로 독한 술이나 쓴 약이 들어있는 잔이다. 얼마나 마시기 괴롭고 어렵겠는가. 우리의 앞날에 쓰디쓴 고배苦杯가 아닌 환희의 축배祝杯를 들 수 있기를!

 다시보기

주酒 : 항아리[酉]에 가득 담긴 술[氵]이란 뜻
수작酬酌 : 술잔을 서로 주고받는다는 뜻에서 서로 말을 주고받는다는 의미로 쓰이다가 남을 속이는 말이나 행동을 낮추어 뜻하는 말로 변함
짐작斟酌 : 속이 보이지 않는 짐斟이라는 술잔에 술을 따른다는 뜻에서 어림잡아 헤아리는 것을 의미
건배乾杯 : 술잔을 마르게 하다. 곧 술잔의 술을 다 마셔 비우는 일

사람의 개성을 살려주는,
옷

옷이 날개라는 말이 있다. 옷은 단순히 몸을 보호해 주는 기능을 넘어 지위와 개성을 나타내기도 한다. 옛날에는 관직과 지위에 따라 옷의 색깔과 재질을 달리했다. 옷에는 인간의 문화와 미의식이 담겨 있어서 시대에 따라 옷의 모양과 색깔도 바뀌었다.

옷은 의상衣裳이라고 한다. 의상은 본래 옷의 아래와 위를 뜻했다. 의衣는 옷의 목 부분을 포함하여 좌우의 깃을 본뜬 글자로 저고리를 의미했다. 상裳은 치마의 모습을 나타냈다. 그리하여 곱게 치장한 여자의 옷차림을 녹의홍상이라고 한다. 녹의홍상綠衣紅裳은 녹색 저고리와 붉은 치마를 가리키는 말이다. 흔히 한복이라고 부른다.

중국이 붉은 옷을 즐겨 입었다면, 우리 백성들은 흰옷을 즐겨 입었다. 우리는 백의민족白衣民族이었다. 흰색은 가공하지 않은 그대로의 천이니 염료를 하지 않은 옷이다. 신분이 높은 사람들이 염료를 물들인 채색 옷을 입을 때 백성들은 흰옷을 입었다. 그리하여 백의白衣에는 아무 벼슬이 없는 평민平民이란 뜻이 있다. 백의종군白衣從軍은 아무런 관직도 없이 평민의 신분으로 전장에 나가는 것이다. 이순신 장군이 백의종군으로 왜적을 물리쳤다. 일제 강점기 때 흰옷은 항일의 상징이 되기도 했다. 의병들은 흰옷을 입었고 3.1운동 때도 전국의 백성들은 흰옷을 입고 거리로 나왔다.

흰옷에는 소복素服도 있다. 소素는 '본디, 바탕'이란 뜻으로 소복은 염색하지 않은 본디 빛깔 그대로의 흰옷이다. 상喪을 당하면 사람들은 소복을 입는다. 『예기禮記』에 '소복은 망자를 보낼 때 입는 옷이다.'라고 기록되어 있다. 흰색은 죽음을 상징하기도 하지만 재생, 시작을 상징하기도 한다. 죽음의 장소에서 죽음은 끝이 아니라 또 다른 시작이라는 생각을 소복에 담았다. 오늘날 상복은 서양의 영향을 받아 검은색으로 바뀌었다.

포의지사布衣之士란 말도 있다. 포의布衣는 베로 만든 옷이다. 벼슬이 없고 가난한 선비가 입던 옷이다. 반면 성공을 해서 입는 옷은 금의錦衣, 곧 비단옷이다. 비단옷은 돈이 많고 신분이 높은 사람들이 입던 옷으로 부귀영화와 출세의 상징이었다. 고생 끝에 성공한 사람이 비단옷을 입고 고향에 돌아오는 것이 금의환향錦衣還鄉이었다. 우리나라 국토를 '삼천리 금수강산'이라고 말하는데, 이때의 금수錦繡는 비단에 화려한 무늬를 수놓았다는 뜻이다. 우리나라의 자연이 수놓은 비단처럼 아름답기에 이러한 표현을 쓰게 되었다.

옷의 부위 가운데 가장 잘 다루어야 하는 곳이 옷깃이다. 옷깃은 웃옷의 목을 싸는 부분이다. 아무리 옷을 잘 입어도 옷깃을 제대로 여미지 않으면 예의에 어긋난다. 경건한 마음으로 자세를 바로잡을 때면 '옷깃을 여미다.'라는 표현을 쓴다. 몸을 단정히 할 때도 '옷깃을 바로잡다.'고 표현하여 옷깃이 중요한 부위임을 보여준다. 옷깃을 마구 풀어 헤치면 어떨까? 그와 관련한 말이 부끄럽다는 뜻의 창피猖披다. 창猖은 옷을 입고 띠를 매지 않은 모양이고 피披는 옷을 열어 헤친 것이다. 곧 창피는 띠를 두르지 않아 옷을 풀어 헤친 모습이다. 창피昌披로 쓰기도 한다. 창피는 옷고름이나 치마끈을 풀어놓고 죄어 매지 않았다는 뜻이다. 옷이 풀어지면 속옷이 보이기도 하고 보는 자도 민망하다. 예의를 중요하게 여기는 동양 사회에서 옷을 풀어 헤친 행위는 부끄러운 모습이었다.

옷깃과 더불어 소매 역시 매우 중요한 부분이었다. 호주머니가 없던 옛날에 소매는 물건을 간직하는 중요한 공간이기도 했다. 옷깃과 소매에는 검은색이나 짙은 색으로 둘러 도드라지게 만들었다. 미적으로나 기능으로나 옷깃과 소매는 매우 중요한 부위였다. 옷깃을 뜻하는 한자가 영領이고 소매는 수袖다. 두 글자가 합쳐져 영수領袖란 말이 나왔다. 영수는 우두머리 혹은 수뇌를 뜻한다. 흔히 두 지도자가 만나 회의하는 것을 '영수 회담'이라고 말한다. 옷깃과 소매의 도드라진 특성은 영수領袖란 말을 만들었다.

인간 생활에서 가장 필수적인 세 요소를 의식주衣食住라고 하여 옷을 첫머리에 둔 것은, 옷이 인간에게 얼마나 중요한 도구인가를 잘 말해 준다. 선조들이 옷을 단정하게 입고 사람을 대하려 했던 것은 인간관계에서 옷을 제대로 입는 것이 참 중요해서다. 옷은 그 사람을 들여다보는 창과 같다. 그러니 아무리 허물없는 사이일지라도 제멋대로 옷을 입는다면 그것은 실례되는 일이다.

녹의홍상綠衣紅裳 : 녹색 저고리와 붉은 치마. 한복을 뜻함

백의종군白衣從軍 : 아무런 관직도 없이 평민의 신분으로 전장에 나가는 것

포의지사布衣之士 : 포의布衣는 베로 만든 옷. 벼슬이 없고 가난한 선비를 이름

금의환향錦衣還鄉 : 비단옷을 입고 고향에 돌아온다는 뜻으로 크게 성공하여 고향에 돌아오는 일

창피猖披 : 띠를 두르지 않아 옷을 풀어 헤친 모습에서 부끄럽다는 뜻이 나옴

영수領袖 : 옷깃과 소매의 뜻으로 매우 중요한 부위라는 뜻에서 우두머리의 뜻으로 바뀜

바둑에서
배우는 인생

    흔히 바둑을 인생의 축소판이라고 말한다. 바둑판은 가로 세로 각각 열아홉 줄이 만나 361개의 교차점을 이룬다. 그 위에서 두 사람이 흰 돌과 검은 돌을 번갈아 두며 집을 많이 짓는 것으로 승부를 가린다. 흑과 백이 서로 많은 집을 짓는 과정에서 치열한 수 싸움이 벌어지며 돌 하나를 어디에 두느냐에 따라 수많은 경우의 수가 생긴다. 그 승부의 과정은 인생의 여정과 많이 닮았다. 그리하여 바둑에서 사용하는 용어들이 일상생활에서 사용하는 말로 쓰이곤 한다.

    먼저 바둑에서, 앞으로 집을 차지하는 데 유리하도록 처음에 돌을 벌여 놓는 일을 포석布石이라고 한다. 바둑돌을 펼쳐 놓는다는 뜻이다. 이 뜻에서 전이되어 앞날을 위해 미리 손을 쓰는 일을 포석이라고 말한다. 예컨대 '새로운 정책은 경제 성장의 포석이 된다.'와 같이 쓴다.

또 바둑돌을 어디에 둘지 선뜻 결정하지 않고 오랫동안 깊이 생각하는 것을 장고長考라고 한다. 오래도록 생각한다는 뜻이다. 흔히 '그 일을 결정하기에 앞서 장고에 장고를 거듭했다.'고 말한다. 장고를 거듭해 바둑돌을 두어도 잘못 두는 경우가 있다. 이를 악수惡手라고 한다. '나쁜 수'라는 뜻인데 바둑을 잘못 두어 상대방을 이롭게 하는 좋지 못한 수를 말한다. '장고 끝에 악수를 두다.'는 표현을 흔히 쓴다. 여기서 수手는 바둑에서 쓰는 기술이나 전술을 의미한다. 상대방을 이기기 위해 생각해 낸 전략적 머리싸움을 가리킨다. '수싸움을 벌이다.'는 상대편이 앞으로 진행할 술수를 미리 예측해 가면서 대응하는 머리싸움을 의미한다.

자충수自充手도 있다. 자기가 놓은 돌로 자기의 수를 줄이는 경우다. 그리하여 스스로 한 행동이 자신에게 불리한 결과를 가져오거나 손해를 끼칠 때 자충수를 둔다고 말한다. '제 꾀에 제가 넘어간다.'는 속담과 통한다. 그곳에 돌을 놓음으로 말미암아 결국 지게 되는 나쁜 수도 있다. 이를 패착敗着이라고 한다. '모처럼의 시도가 패착으로 돌아가고 말았다.'는 식으로 쓴다. 반대로 좋은 수도 있다. 상대방도 생각하지 못한 아주 좋은 곳에 바둑돌을 두는 경우도 있다. 이를 묘수妙手라고 한다. 누구도 생각해 내기 힘든 절묘한 수라는 뜻이다. 묘수의 반대말이 꼼수 혹은 자충수다.

승부수勝負手도 바둑에서 나온 말이다. 바둑에서 승부수란 승부를 좌우하기 위한 마지막 결단으로 두는 수다. 이기고 짐을 가르는 수라는 뜻이다. 그리하여 일의 성패를 가르거나 승부를 가리기 위한 결단으로 하는 행동을 '승부수를 던지다.'라고 한다. '그 시합에서 마지막 승부수를 던졌다.' 등과 같이 쓴다.

어떤 일을 잘할 수 있도록 가르치듯 말하는 것을 훈수를 둔다고 말한다. 이 역시 바둑에서 나온 말이다. 바둑을 둘 때 구경하던 사람이 옆에서 슬며시 수를 가르쳐주는 걸 훈수訓手라고 말한다. 훈수란 '가르쳐 주는 수'라는 뜻이다. 그리하여 남의 일에 끼어들어 이래라 저래라 하는 말을 훈수라고 하게 되었다.

바둑에서 이기려면 상대방보다 몇 수를 더 내다볼 줄 알아야 한다. 당장의 수만 보다간 반드시 패한다. 인생도 마찬가지다. 눈앞의 이익에만 집착하면 일을 그르치고 만다. 조금 더 멀리 보고 몇 수 앞을 내다본다면 당장 손해를 보더라도 더 좋은 결과를 얻게 될 것이다.

다시보기

포석布石 : 바둑돌을 펼쳐 놓는다는 뜻. 후에 앞날을 위해 미리 손을 쓰는 일이라는 의미가 됨

장고長考 : 오래도록 생각한다는 뜻

악수惡手 : '나쁜 수'라는 뜻으로 바둑을 잘못 두어 상대방을 이롭게 하는 좋지 못한 수를 말함

자충수自充手 : 자기가 놓은 돌로 자기의 수를 줄이는 경우를 뜻함. 스스로 한 행동이 자신에게 불리한 결과를 가져오거나 손해를 끼칠 때를 이름.

승부수勝負手 : 이기고 짐을 가르는 수라는 뜻. 승부를 좌우하기 위한 마지막 결단으로 두는 수.

훈수訓手 : '가르쳐주는 수'라는 뜻. 남의 일에 끼어들어 이래라저래라 하는 말을 이름

한자의 쓸모

한자로 배우는
문화 이야기

오래된 미래,
역사의 교훈

"다시는 잘못된 역사의 전철을 밟지 말자."

역사에서 교훈을 얻지 못한 민족은 다시 잘못된 역사를 되풀이한다는 말이 있다. 인간은 과거의 잘못으로부터 실패하는 이유를 배우면서도 같은 잘못을 되풀이한다. 이전 사람의 잘못된 일이나 행동의 자취를 전철이라고 한다. 과거의 전철을 되풀이하지 말고 새로운 길을 찾아가야 할 것이다.

전철前轍은 '앞에 지나간 수레바퀴 자국'이란 뜻이다. 이 말은 본래 전거지복철前車之覆轍 후거지계後車之戒란 말에서 나왔다. 앞 수레가 뒤집혀 만든 수레바퀴 자국은 뒤에 오는 수레에 좋은 경계가 된다는 뜻이다. 앞 수레는 지나온 역사를, 뒤의 수레는 현재의 역사를 비유한다. 뒤의 수레는 앞 수레의 바퀴 자국을 따라간다. 앞 수레가 올바른 길로 가면 뒤의 수레도 제대로 간다. 그러나 앞 수레가 뒤집히면 뒤의 수레도 덩달아 위험해진다. 그러므로 뒤의 수레는 앞 수레가 제대로 가고 있는지를 잘 살펴야 한다.

역사歷史의 역歷은 '지내다.'로 지금까지 살아온 자취다. 취직할 때 제출하는 이력서履歷書는 지금까지 밟아온 삶의 자취를 적은 글이란 뜻이다. 이履는 '밟다.'는 뜻이다. 이력서에는 지금까지 살아온 삶의 경력을 적는다. 이력은 본래 조선 시대 관원들이 임용하거나 승진하는 데 필요한 경력을 뜻하는 말이었다. 조선 시대에도 임용되거나 승진하기 위해서는 일정한 경력이 필요했다. 예를 들어 집안 어르신의 공으로 벼슬을 한 음관蔭官이 지방관으로 임명될 때는 백성들 간의 소송을 다뤄본 이력이 필요했다. 또 무관이 높은 관직까지 차례로 승진하려면 변방에서 근무했던 이력이 필요했다. 사람마다 자신만의 이력이 있으니 자신의 이력을 돌아보아 부끄럽지 않게 살아왔는지 살펴야 한다.

공직 사회에는 각종 부정과 부패가 많다. 이럴 때는 역사상의 청백리淸白吏 정신을 돌아보게 된다. 청백리는 공직자 가운데 깨끗하고 올곧은 사람을 뽑아 후대에 거울삼고자 했던 제도다. 청淸은 깨끗함을, 백白은 오염되지 않았음을 나타낸다. 청백리로 뽑힌 이들은 청렴결백하고 검소했다. '청백리 똥구멍은 송곳 부리 같다.'는 속담이 나올 정도였다. 청백리는 하도 청렴하게 살아 가난한 탓에 먹은 게 없어 항문이 송곳같이 좁고 날카롭다는 뜻이다. 키가 아주 작아 땅꼬마 오리梧里로 불린 이원익은 영의정을 두 번이나 지냈음에도 매일 끼니를 걱정할 정도였다. 안타깝게 여긴 왕이 비단을 선물로 보냈으나 정당한 사유가 없는 물건은 받을 수 없다며 돌려보냈다. 이원익이 은퇴하자 인조는 승지를 보내 그가 사는 집이 어떠한지를 물었다. 승지가 "두 칸 초가가 겨우 무릎을 들일 정도인데 허술하여 비바람을 막지 못합니다."라고 보고했다. 안타까운 마음이 든 인조가 다섯 칸짜리 집을 하사하자, 몇 차례에 걸쳐 사양하다가 마지못해 들어가 살았다. 그 집이 현재 경기도 광명시에 있는 관감당觀感堂이다. 인조가 백성들로 하여금 그의 삶을 보고[觀] 느끼라[感]는 뜻으로 지어준 이름이다.

사극에서는 나라가 위태로운 장면에서 "전하, 사직을 보존하소서."라는 대사가 등장하곤 한다. 사직社稷에서 사社는 토지를 관장하는 신이고, 직稷은 곡식의 신이다. 땅과 곡식은 농경 사회에서 가장 중요하다. 전통 농경 사회에서는 땅의 신과 곡식의 신에게 제사를 지내 나라의 평안을 기원했다.

나라가 보존되었을 때는 사직에 제사를 지내고 나라가 멸망하면 사직은 폐지되었다. 그리하여 사직은 나라나 조정을 상징하는 말로 쓰게 되었다. 새로운 나라를 세우면 먼저 사직의 신을 모시기 위해 제단을 만들었는데 이를 사직단이라 불렀다. 지금도 사직동 안의 경복궁 옆에는 사직단이 있으며 사직공원도 있다.

역사는 미래를 들여다보는 '오래된 미래'다. 역사를 통해 배워야 할 교훈도 있지만 되풀이해서는 안 될 뼈아픈 전철도 있다. 역사의 이력이 자랑스러운 자취가 되도록 현재의 역사를 올바로 세워가야겠다.

 다시보기

전철前轍 : 앞에 지나간 수레바퀴 자국이라는 뜻으로 이전 사람의 잘못된 일이나 행동의 자취를 의미

이력서履歷書 : 지금까지 밟아온 삶의 자취를 적은 글

청백리淸白吏 : 조선 시대에 공직자 가운데 깨끗하고 올곧은 사람을 뽑아 후대에 거울삼고자 했던 제도. 청淸은 깨끗함을, 백白은 오염되지 않음을 상징

사직社稷 : 사社는 토지를 관장하는 신, 직稷은 곡식의 신. 나라 혹은 조정을 의미

역사는
미래를 들여다보는
'오래된 미래'다.

© yoshitaka2 from Pixabay

우리나라 대표 음식,
김치

    김치는 우리 고유의 식품이면서 전 세계에서 우리나라를 대표하는 음식이다. 한국인의 밥상엔 꼭 김치가 있어야 한다. 김치는 발효식품으로서 각종 무기질과 비타민이 풍부해 영양학적으로도 매우 뛰어나다.

    그런데 김치는 순우리말이 아니다. 김치는 침채沈菜라는 한자어에서 나왔다. 침채가 팀채로, 팀채기 딤채로, 디시 김채로 바뀌었고 지금의 김치로 이어졌다. 침채의 침沈은 담근다는 뜻이다. 침채沈菜는 소금물에 담가 만든 채소란 의미를 담고 있다. 김치에 꼭 들어가는 재료가 고춧가루다. 그런데 고추가 우리나라에 들어온 것이 16세기 후반이라고 한다. 김치에 고춧가루를 넣어 맵게 먹는 습관은 그리 오래되지는 않은 듯하다.

김치의 순우리말은 '지'다. 옛사람들은 김치를 '디히'로 불렀다. 이것이 '지'로 바뀌었다. '지'의 흔적은 지금도 남아 있어서 소금물에 삼삼하게 담근 무김치는 '싱건지'라고 부른다. 짜게 절여 만든 김치는 '짠지'라고 부르고 조기 젓국을 냉수에 타서 국물에 부어 담근 김치는 '젓국지'라고 부른다. '지'를 한자인 지漬로 보기도 한다. 지漬는 담근다는 뜻이다. 그 근거로 오이, 무 따위의 채소를 간장이나 소금물에 담가 양념해 먹는 장아찌는 장지醬漬에서 온 말이다. 또 이규보李奎報의 『동국이상국집東國李相國集』에는 김치 담그기를 염지鹽漬라고 했다. 중국 음식을 배달하면 반드시 나오는 단무지는 일본식 짠지라 하겠다.

김치의 한자말로 저菹도 있다. 저菹는 본래 중국에서 들어온 말이다. 중국에서는 예부터 소금에 절인 배추를 고춧가루, 파 등의 양념에 버무린 뒤 발효를 시켜 먹는 풍습이 있었다. 이 말이 우리나라로 들어와 조선 시대에 저菹를 '딤채 조'로 표기하였다.

겨울이 다가오면 겨우내 먹기 위해 김치를 한꺼번에 많이 담근다. 이를 '김장'이라고 한다. 가족과 이웃이 함께 모여 준비했던 김장 문화에는 협력과 나눔의 정신이 담겨 있다. 김장

의 주 대상은 배추나 무다. 김장은 본래 침장沈藏이라고 했
다. 김치를 저장한다는 뜻이다. 이 말이 오늘날 김장으로 바
뀌었다. 옛날에는 김장을 보관하는 곳을 침장고沈藏庫라고
불렀다. 지금의 냉장고라 하겠다. 또한, 겨울철에 담가 먹는
무김치인 동치미는 본래 '동침冬沈이'에서 온 말이다. 동침冬
沈은 겨울에 담가 먹는 채소란 뜻이다.

　김치 가운데는 나박김치가 있다. 무를 얄팍하고 네모지
게 썰어 절인 다음 고추, 파, 마늘, 미나리 따위를 넣고 국물
을 부어 익힌 김치다. 어느 계절에나 먹는 김치다. 나박은 나
복蘿蔔에서 나온 것이다. 그리하여 나박김치를 나복저蘿蔔
菹라고도 한다. 나복은 옛날엔 댓무우라고 불렀는데 오늘날
우리가 흔히 먹는 무다. 김치의 주재료인 배추는 백채白菜가
변한 말이다. 백채는 밑동이 흰 채소란 뜻이다.

　오늘날 젊은이들은 김치를 많이 꺼린다고 한다. 그 자리
를 대신해 피자나 햄버거 등 인스턴트 음식이 들어서고 있다.
영양으로 보나 맛으로 보나 그 의미로 보나 김치는 한국의 식
문화를 상징하는 중요한 음식이다.

다시보기

침채沈菜 : 침沈은 담근다는 뜻. 소금물에 담가 만든 채소. 침채 〉팀
　　채 〉딤채 〉김치

침장沈藏 : 김치를 저장한다는 뜻. 침장 〉김장

동침冬沈이 : 겨울에 담가 먹는 채소란 뜻. 동침이 〉동치미

백채白菜 : 밑동이 흰 채소란 뜻. 백채 〉배추

두 번이라서 더 좋은 날,
설날

둘이라서 더 좋은 날이 있다. 민족의 큰 명절, 설이다. 우리 조상들은 본래 음력에 설을 쇠었다. 하지만 태양력인 서양의 달력이 들어오면서 신정新正과 구정舊正으로 나뉘었다. 그렇다 보니 설은 이중과세二重過歲, 즉 두 번 새해를 보내는 문제로 논란을 일으키기도 했다. 현재 양력설은 신정新正으로, 음력설은 설날로 징했지만, 사람들은 습관적으로 신정과 구정으로 부른다.

1월 1일은 새해 첫 시작의 날이다. 한자로는 원단元旦이라고 부른다. 으뜸 원元에 아침 단旦이니 설날은 '으뜸가는 아침'이자 '첫 아침'이다. 연하장年賀狀엔 '근하신년謹賀新年'이라는 말이 있는데 삼가 새해를 축하한다는 뜻이다.

설날은 신일愼日이라고도 한다. 신愼은 '삼가다, 조심하다.'라는 뜻이다. 설날의 어원 가운데 하나인 '사리다.'라는 의미를 옮겨 놓은 것이다. 무엇이든 처음은 설레고 낯설다. 설날은 시간의 질서가 새롭게 시작되는 날이다. 그리하여 조심스레 경거망동을 삼가고 행동거지를 특별히 조심하라는 뜻을 담았다.

설에는 민족의 대이동이 이루어진다. 길마다 고향으로 향하는 수많은 귀성 행렬이 꼬리를 문다. 객지에서 부모님을 뵙기 위해 고향으로 돌아가는 것을 귀성歸省이라 한다. 귀향歸鄕이라는 말도 있는데 왜 굳이 귀성歸省이라고 할까? 귀향歸鄕은 돌아갈 귀歸, 고향 향鄕이니 고향으로 돌아가는 것을 말한다. 퇴직 후에 고향으로 가거나 성공해서 고향을 찾는 것이다. 곧 귀향은 단순한 회귀 본능이다.

귀향은 예전엔 귀양의 의미로 쓰였다. 죄를 지으면 외딴 섬이나 변방으로 보내는 형벌의 일종이었다. 『성호사설星湖僿說』에 의하면 귀양을 보낼 때 죄가 무거운 사람은 아무도 살지 않는 무인도無人島로 보내고, 죄가 가벼운 자는 귀향시켰다고 한다. 예컨대 공직자가 죄를 짓고 자신의 고향 마을로 쫓겨나는 것이다. 이를 방축향리放逐鄕里라고 한다. 방축放逐은 쫓겨난다는 뜻이고 향리鄕里는 고향이니 자신의 고향으로 내쫓김을 당하는 것이다.

귀향이 귀양과 혼동되다 보니 부모와 조상을 뵙기 위해 찾아가는 일은 이와 구별하여 귀성歸省이라고 쓰게 되었다. 성省은 생으로 발음할 때 '줄이다'는 뜻이지만 성으로 발음하면 '살피다.'는 뜻이다. 곧 귀성은 고향으로 돌아가 부모님과 조상을 보살펴드리는 일이다. 특별히 조상의 묘소를 찾아가 살펴드리는 일은 성묘省墓라 한다.

차례를 지낸 후에는 웃어른께 세배歲拜한다. 해 세歲, 절 배拜이니, 해를 맞아 웃어른께 인사로 하는 절이다. 섣달그믐날에 그해를 보내는 인사로 하는 절은 과세過歲, 새해에 올리는 절은 세배歲拜라 하여 구분했다. 예전에는 여자들의 바깥출입이 자유롭지 못했다. 여종을 잘 차려 입혀 친척이나 웃어른댁에 보내 새해 인사를 대신 전하게 했다. 이때 인사를 다니는 여종을 문안비問安婢라 했는데 문안드리는 여종이란 뜻이다.

웃어른은 절을 받고 나서 덕담德談을 해주었다. 덕담은 앞으로 일이 잘되기를 빌어주는 말이다. 『동국세시기』에 의하면 "올해는 꼭 과거에 합격하게.", "승진하게.", "돈을 많이 벌게." 등의 덕담을 나누었다 하니 예나 지금이나 삶의 관심사는 비슷한 모양이다.

새해가 되면 사람들은 새로운 계획을 세우고 한 해를 기대한다. 계획은 누구나 세우지만 실천하는 이는 적다. 새해 소망을 이루려면 한 발 내디디고 더욱 분발할 일이다.

 다시보기

설을 이르는 말 : 신정新正, 구정舊正, 원단元旦, 신일愼日

근하신년 謹賀新年 : 삼가 새해를 축하한다는 뜻

귀향 歸鄕 : 고향으로 돌아가다. 곧 고향으로 가거나 성공해서 고향을 찾는 것

귀성 歸省 : 돌아가 살피다. 곧 고향으로 돌아가 부모님과 조상을 보살펴드리는 일

문안비 問安婢 : 문안드리는 여종. 새해 인사를 전하기 위해 대신 보내던 여자 하인

날마다 즐기던 음료,
차茶 이야기

동아시아 사람들이 즐겨 마시는 차茶는 주로 '다'로 발음하지만, 본음은 '차'다. 그렇다 보니 '차'와 '다'를 섞어서 발음하는 경우가 많다. 차를 끓여 마시는 데 쓰는 기구인 다구茶具는 '차구'로도 부르며, 차를 따라 마시는 종지인 다종茶鐘은 차종이라고도 부른다. 조선 시대 차와 술을 대접하던 관비인 다모茶母는 차모로도 불렀다.

우리나라는 전통적으로 차를 가까이했다. 다반사茶飯事라는 말이 있다. 반飯은 밥이다. 곧 다반사는 '차를 마시거나[茶] 밥을 먹는[飯] 일[事]'이다. "그런 일은 다반사야."라고 할 때는 밥 먹거나 차 마시는 일처럼 늘 일어나는 예사로운 일이란 뜻이다. 옛사람들은 "사흘 밥은 굶어도 하루 차는 못

굶는다."라고 했을 정도로 날마다 차를 즐겼다. 곧 차를 마시는 일은 밥 먹는 일처럼 아주 흔한 일이었다. 짬짬이 시간에 간식으로 먹는 다과茶菓는 차茶와 과자菓子다.

요즘엔 대체로 커피나 음료를 마시지만, 예전엔 으레 차를 마셨다. 커피나 음료를 마시는 공간을 커피숍이라 부르는데 한자어로는 다방茶房 혹은 다실茶室이다. '차를 마시는 방'이란 뜻이다. 지금도 시골에는 다방이 많이 남아 있다. 이때의 차茶는 반드시 차나무의 잎으로 만든 음료를 의미하는 것이 아니라 마실 것을 통틀어 부르는 이름이다.

차를 즐기는 습관은 세시 풍습에도 남아 있다. 명절이면 온 친족이 모여 차례茶禮를 지낸다. 차례는 '차를 바치는 예식'이라는 뜻이다. 차茶는 '다'로도 발음되므로 예전에는 다례라고도 했다. 과거엔 제사 지낼 때 떡국과 과일, 포와 식혜 등을 정성껏 준비한 후 차를 끓여 올렸다. 그러다가 점차 차 대신 술을 올리게 되었다.

홍차紅茶와 작설차雀舌茶는 차의 일종이다. 차의 어린 잎을 발효시키면 붉은빛을 띠기 때문에 붉을 홍紅 자를 써서 홍차紅茶라 부른다. 재미있게도 서양인들은 찻잎이 검다고 느껴 흑차黑茶라 부른다. 작설차雀舌茶는 '참새[雀] 혀[舌] 모양의 차[茶]'라는 뜻이다. 어린 찻잎의 모양이 참새 혀처럼 생겼다고 해서 붙인 이름이다.

의학 서적인『본초강목本草綱目』에는 "차를 오래 마시면 몸 안팎에서 기름기를 빼주고 설사를 멎게 하며 열을 좇고 눈을 밝게 하여 잠을 좇는다."라고 했다. 옛사람들에게 차는 단순한 음료수 이상의 의미가 있었다. 조상에게 차를 바치는 조심스러운 마음이 한 잔의 차 속에 담겨 있다.

 다시보기

다반사茶飯事 : 차 마시고 밥을 먹은 일처럼 늘 일어나는 예사로운
　　일이라는 뜻
다과茶菓 : 차茶와 과자
차례茶禮 : 차를 바치는 예식. 과거엔 제사 지낼 때 술 대신에 차를
　　올림
작설차雀舌茶 : 참새[雀] 혀[舌] 모양의 차[茶]. 어린 찻잎 모양이 참새
　　혀처럼 생겨서 붙인 이름

임금이 지내던 집,
궁궐

우리에겐 자랑스러운 문화유산이 참 많다. 궁궐은 서울을 찾는 외국인들에게 자랑스레 보여줄 수 있는 문화재다. 궁궐宮闕은 옛날에 임금이 지내던 집이다. 궁궐은 궁宮과 궐闕로 구성되었는데 둘은 차이가 있다. 궁宮은 왕이 일하며 생활하는 곳이다. 반면 궐闕은 궁을 지키는 담과 성문, 누각을 가리킨다. 경복궁을 예로 들자면 경복궁을 둘러싼 담과 정문인 광화문이 궐에 해당한다. 혹은 궁전宮殿이라는 말도 쓰는데 이때의 전殿은 임금이나 그에 상응하는 권위를 가진 사람만이 지낼 수 있는 건물을 말한다. 주로 왕과 왕후가 지내는 곳이다. 궁궐의 많은 건물 가운데 가장 높은 건물에만 전이라는 글자를 붙일 수가 있다. 창덕궁에는 선정전善政殿이 있고, 경복궁에는 강녕전康寧殿과 교태전交泰殿이 있다. 왕과 왕비를 부를 때 전하殿下라고 불렀는데, 이는 '당신은 전殿에 거하시는 높은 분이고 나는 전殿 아래下에서 당신을 우러러 봅니다.'라는 의미를 담은 것이다.

서울에는 경복궁景福宮과 창덕궁昌德宮, 창경궁昌慶宮 과 덕수궁德壽宮, 경희궁慶喜宮이 있다. 경복궁은 우리나 라 최대, 최고의 궁궐이다. 경복궁景福宮의 이름은 『시경詩 經』의 '임금이여 만년토록 큰 복을 누리소서.'라는 뜻의 '군자 만년君子萬年 개이경복介爾景福'에서 가져왔다. 곧 경복궁 景福宮은 큰 복을 누린다는 뜻이다. 궁궐마다 정문이 있는데 경복궁의 정문은 광화문光化門이다. 빛은 사방을 덮고, 덕은 만방에 미친다는 뜻의 '광피사표光被四表 화급만방化及萬 方'에서 가져왔다. 궁마다 정전政殿도 있는데, 정전은 정사 를 보는 뜰로 임금이 신하들과 함께 나라의 정치를 의논한 곳 이다. 경복궁의 정전은 근정전勤政殿인데 국보 223호로 지정 되어 있다. 부지런히 정치하는 뜰이란 뜻이다. 근정전 뒤에 는 수정전修政殿이 있는데 정사를 닦는다는 뜻이다. 세종대 왕이 학자들을 모아 집현전集賢殿을 만들어 한글을 창제했 던 곳이다.

창덕궁昌德宮은 궁 가운데 가장 넓다. 창덕궁은 덕을 빛낸다는 뜻이다. 덕德은 임금이 백성에게 베푸는 은혜의 덕을 말한다. 창덕궁 뒤쪽에는 비밀의 정원인 비원秘苑이 있다. 일반인에게는 출입이 금지되었기에 금원禁苑으로도 불렸다. 정문은 돈화문敦化門이다. 도탑게 감화시킨다는 뜻이다. 백성들에게 임금의 사랑을 베풀어 그 덕에 감화되도록 한다는 의미를 담았다. 돈화문은 조선 시대의 모습을 그대로 간직한 귀중한 유산이다. 휴식 공간으로는 부용지芙蓉池에 자리 잡은 부용정芙蓉亭이 있다. 부용은 연꽃이다. 부용정 건너 언덕에는 어수문魚水門이 있다. 고기와 물이 만나는 문이란 뜻인데, 고기는 충성스런 신하를, 물은 어진 임금을 상징한다.

창경궁昌慶宮은 경사스런 일을 밝힌다는 뜻이다. 본래 세종이 태종을 모시기 위해 짓고 태종의 만수무강을 기원한다는 뜻에서 수강궁壽康宮이라 불렸다. 이후 성종이 홀로된 왕후들을 모시기 위해 그 자리에 궁을 크게 세우고 창경궁昌慶宮이라 했다. 창경궁의 정문은 홍화문弘化門이다. 백성을 널리 감화시킨다는 의미를 담았다. 홍화문은 서울의 궁궐에 있는 문 가운데 가장 아름답다. 예전의 모습을 고스란히 간직한 몇 안 되는 건축물이다.

덕수궁德壽宮은 장수長壽를 비는 궁이다. 고종이 이곳에 머물게 되면서 순종이 고종의 장수를 기원하며 붙인 이름이다. 덕수궁德壽宮의 명칭은 선왕이 기거하는 곳이란 뜻의 일반 명사다. 한때 예를 밝힌다는 뜻의 명례궁明禮宮으로 불린 적도 있으나, 본래 명칭은 경운궁慶運宮이었다. 경사스러운 운수의 궁이란 뜻이다. 월산대군의 집으로 지은 용도였기에 궁궐 중 가장 규모가 작다. 정문은 인화문仁化門이다. 어진 정치로 백성을 감화시킨다는 뜻이다. 그런데 인화문 주변이 복잡해지고, 큰 도로가 생기면서 폐쇄되었고 덕수궁을 드나드는 유일한 대문은 대한문大漢門이 되었다.

경희궁慶熙宮은 경사스런 일이 빛나는 궁이라는 뜻이다. 원래 이름은 좋은 덕이 있는 궁이란 뜻의 경덕궁慶德宮이다. 광해군 때 짓기 시작했으나, 광해군은 입궐해 보지도 못한 채 폐위되었다. 본래 면적이 매우 넓었으나 일제에 의해 많이 파괴되었다. 정문은 흥화문興化門이다. 왕이 훌륭한 정치를 베풀어 '감화를 일으킨다.'는 뜻이다. 일제에 의해 박문사로 옮겨졌다가 다시 돌아왔지만, 본래의 자리는 아니다.

궁궐은 단순한 건축물을 넘어 왕의 거처이자 국가 통치의 핵심 공간으로 권력과 권위의 상징이며 당대 최고의 문화와 예술, 과학 기술이 집약된 공간이다. 궁궐의 각 건물과 뜰의 명칭에는 앞일이 잘되기를 바라는 사람들의 소망과 바람이 담겨 있다. 궁궐은 단순히 옛집이 아니라 아름다운 소망으로 가득한 문화의 공간이다.

 다시보기

궁궐宮闕 : 임금이 지내는 집. 궁宮은 왕이 일하며 생활하는 곳, 궐闕
은 궁을 지키는 담과 성문, 누각을 가리킴

궁전宮殿 : 전殿은 임금이나 그에 상응하는 권위를 가진 사람만이 지
낼 수 있는 건물. 주로 왕과 왕후가 지냄. 선정전善政殿, 강녕전
康寧殿, 교태전交泰殿

우리나라 5대 궁궐 : 경복궁景福宮, 창덕궁昌德宮, 창경궁昌慶宮, 덕수궁德
壽宮, 경희궁慶喜宮

물고기에서
유래한 한자

　갈치, 삼치, 가물치, 꽁치처럼 '치'가 붙는 물고기가 있고, 잉어, 장어, 고등어, 송어와 같이 '어'가 붙는 물고기가 있다. '치'는 우리말로 된 물고기에 '치'를 넣어 물고기 이름임을 나타내기 위해 붙은 접미사이고 어魚는 한자로 된 물고기 이름 끝에 붙이는 글자라고 한다. 한편으로는 '치' 자가 붙은 물고기엔 비늘이 없고 '어' 자가 붙는 물고기에 비늘이 있다고도 한다. 하지만 오징어는 비늘이 없는 반면 멸치는 비늘이 있으니 예외는 항상 있기 마련이다. 지구에는 3만 종이 넘는 물고기가 있으며 우리나라 식탁에는 수백 종의 물고기가 오르고 있다.

　나라마다 좋아하는 생선이 각기 다른데, 중국은 잉어, 일본은 도미, 미국은 연어를 즐기는 반면에 한국인은 조기를 많이 선호한다고 한다. 조기助氣는 '기운을 돕는다.'는 뜻이다. 두개골 안에 단단한 은황색의 뼈가 있어서 석수어石首魚로도 불린다. 옛 문헌에 의하면 본래 조기 종鰻 자를 써서 종어鰻魚라 불렀는데 급하게 발음하다가 조기로 불리게 되었다고 한다. 조기를 소금에 절여 꼬들꼬들 말리면 굴비가 된다. 굴비屈非는 굽히지 않는다는 뜻이다. 이 이름에 대해서는 다음과 같은 유래가 있다. 고려 인종 때 이자겸이 반란을 일으키려다 실패하여 영광에 귀양 오게 되었다. 그곳에서 한 생선의 특별한 맛에 반해 소금에 절인 후 자신을 귀양보낸 인종에게 올리면서 "진상은 해도 굽힌 것은 아니다."라고 적은 것이 굴비의 유래라는 것이다. 하지만 굴비는 이미 고려 시대에도 있었다고 한다. 한편으로는 조기를 짚으로 엮어서 매달면 물고기가 구부러지다 보니 '굽는다.'는 뜻을 지닌 고어인 구비(仇非, 굽이)에서 나왔다고 보는 설도 있다.

맛있고 쓸모 많기로는 명태明太도 있다. 명태는 버릴 게 하나도 없다. 내장으로는 창난젓을, 알은 명란젓을 담가 먹는다. 명태는 명칭도 다양하다. 살아 있는 것은 생태生太라 부르고 명태를 겨울철에 잡아 얼리면 동태凍太라 부른다. 산란기 중의 명태를 잡아 추운 지방에서 얼렸다 녹이는 과정을 반복하면 황태黃太가 된다. 명태를 바짝 건조하면 북어 혹은 건태乾太라 하고, 명태 새끼를 노가리라고 부른다. 명태의 어원에 대해 『임하필기林下筆記』에서는 다음과 같이 말한다. 인조 때 함경북도 관찰사가 명천군明川郡으로 순시를 나갔다. 그곳에서 반찬으로 내놓은 생선이 맛이 좋아 이름을 물었으나 아는 사람이 없었다. '명천明川에 사는 태太씨 성을 가진 어부가 잡아온 고기'라는 말을 듣고는 명천의 명明과 어부의 성씨인 태太를 빌려와 '명태'라는 이름을 지어 주었다고 한다.

한국인들의 술안주에 단골로 오르는 메뉴는 오징어다. 모양이 비슷한 오징어와 문어를 구별하는 방법은 무엇일까? 문어는 다리가 여덟 개인 반면 오징어는 열 개다. 오징어는 한자로 오적어烏賊魚라 쓴다. 까마귀를 도둑질하는 물고기라는 뜻이다. 어째서 이런 이름이 붙게 되었을까? 소식이 쓴 「어설魚說」에 의하면 오징어가 먹물을 뿜을 때 바다 까마귀가 달려들어 잡아먹기 때문이라 했다. 반면 『남월지南越志』에서는 오징어가 까마귀를 물속으로 끌고 들어가 잡아먹기에 붙인 이름이라 했다. 적賊은 도둑이란 뜻이니 오적烏賊이란 까마귀 도둑이란 뜻이다. 까마귀를 잡아먹는 도둑이다.

한편으로 오징어를 '오즉烏鰂'이라고도 한다. 까마귀 오烏

에는 '검다.'는 뜻이 있다. 곧 오징어는 검은 먹물을 지닌 것을 원칙으로 하기에 오즉烏鰂이라 했다는 것이다. 오징어는 뱃속에 먹물을 지닌 물고기라 하여 묵어墨魚라고도 한다. 옛 선비들은 오징어의 먹물로 글씨를 쓰기도 했다. 이수광의 『지봉유설芝峯類說』에서는 "오징어 먹물로 글씨를 쓰면 해가 지나서 먹이 없어지고 빈 종이만 남는다. 남을 속이는 사기꾼은 이것을 써서 속인다."라고 하였다. 실제로 오징어의 먹물로 글씨를 쓰면 1년이 지나 사라진다고 한다. 이런 이유로 지켜지지 않는 약속을 오적어묵계烏賊魚墨契라 하기도 했다.

아무 소득이 없는 헛수고가 될 때 "말짱 도루묵이군."이라고 말한다. 도루묵은 등이 누런 갈색이고 배는 흰 은빛을 띤 바닷물고기다. 도루묵이 부정적인 의미를 갖게 된 데에는 다음과 같이 널리 알려진 유래가 있다. 임진왜란 때 선조가 피난을 갔는데, 한 백성이 '묵'이라는 물고기를 선조에게 바쳤다. 임금이 먹어보니 맛이 기가 막히게 좋았다. 임금은 묵에 '은어銀魚'라는 이름을 내려주었다. 전쟁이 끝나고 나서 한양에 돌아온 선조는 문득 은어가 생각나 올리게 했다. 하지만 먹어보니 예전과 달리 맛이 없었다. 실망한 선조는 "도로 묵이라 하라."라고 명했다. 이로부터 도루묵이라는 이름이 생겨났다는 것이다. 하나의 민간 어원으로 받아들이면 되겠다.

2장 한자로 배우는 문화 이야기

물고기는 단순한 먹거리 그 이상이다. 물고기는 서양에서는 풍요와 지혜를 상징해 왔고 동양에서는 장수와 다산多産 등을 상징해 왔다. 우리나라 각종 장신구에는 물고기 문양이 많이 등장한다. 고구려의 시조인 주몽이 도망할 때 다리를 놓아준 것도 물고기와 자라였다. 물고기는 단순히 생물학적 존재를 넘어 민족마다 풍부한 상징을 지녀 왔으며 희망과 번영, 생태계의 건강을 상징하는 소중한 생명체다.

 다시보기

생태生太 : 살아 있는 명태明太
동태凍太 : 겨울철에 잡아 얼린 명태明太
황태黃太 : 명태明太를 잡아 추운 지방에서 얼렸다 녹이는 과정을 반복한 것
건태乾太 : 명태明太를 바짝 건조한 것으로 북어라고도 불림

한자의 쓸모

숫자에 담긴
상징

결혼식장에 가면 축의금祝儀金을 내고 장례식장에서는 부의금賻儀金을 낸다. 축의금과 부의금 액수에는 공통점이 있다. 3만 원, 5만 원 등 홀수 단위로 낸다. 또 이사는 손 없는 날을 택하는데 손 없는 날은 홀수 날짜다. 명절도 대부분 홀수 날짜다. 사찰마다 있는 탑도 7층, 9층, 11층 등 대부분 홀수 탑이다. 왜 홀수를 선호하는 걸까?

예로부터 우리나라는 우주와 인간 사회의 모든 현상을 음陰과 양陽으로 나누어 이해해 왔다. 숫자도 예외가 아니어서 짝수는 음의 수, 홀수는 양의 수로 여겼다. 이에 따라 사람들은 짝수보다 홀수를 더 선호하고 길한 수로 여기게 되었다. 특히 숫자 3은 완전수여서 가장 좋은 수, 완전한 수로 여겼다. 만세를 부를 때는 늘 만세 삼창三唱을 하고 내기를 걸 때는 꼭 '삼세번'을 한다. 우리나라는 '삼천리 금수강산'이라고 말하며 박목월은 「나그네」에서 '길은 외줄기 남도南道 삼백 리'라고 노래했다. 삼천리, 삼백 리는 실제의 거리가 아니다. '굉장히 길다'는 의미를 숫자 3에 붙여 나타낸 것이다. 백제가 멸망하자 백마강에 빠져 죽었다는 삼천 궁녀도 실제 숫자가 아니라 '많다.'는 뜻을 삼천이란 숫자에 담은 것이다.

숫자 5는 동양에선 음양의 원리를 갖춘 완전수였다. 우리가 쓰고 있는 음악의 음계는 7음계다. 하지만 조선 시대엔 궁상각치우 5음音을 사용했다. 모든 우주의 이치는 오행五行에 따라 이루어져 있다고 생각했다. 색깔도 푸른색[靑], 빨간색[赤], 황색[黃], 흰색[白], 검은색[黑] 등 다섯 가지를 기본으로 생각했으며 맛도 단맛, 쓴맛, 신맛, 짠맛, 매운맛 다섯 가지로 이루어져 있다고 생각했다. 또 인仁, 의義, 예禮, 지智, 신信 다섯 가지가 윤리의 기준인 오상五常이 되었다.

숫자 9는 양의 기운 가운데 가장 크고 높은 수이기에 '아주 많다, 아주 길다.'는 뜻을 담고 있다. 인간을 홀리는 구미호九尾狐는 꼬리가 딱 아홉 개라기보다 아주 많은 꼬리가 달렸다는 뜻이다. 깊숙한 궁궐은 구중궁궐九重宮闕이라 하고 아주 꼬불꼬불한 길은 구절양장九折羊腸이라고 한다. 또 시

한자의 쓸모

름이 아주 깊으면 구곡간장九曲肝腸이라고 말한다. 여러 번 죽을 고비를 넘기면 구사일생九死一生이라고 한다.

십十은 한 단계를 끝낸 수다. 한 자릿수의 단계를 갈무리하여 일단락시킨다. 그리하여 십에는 '충분하다.', '일단락시키다.'는 뜻이 있다. 위험한 고비를 지났을 때 십년감수十年減壽했다고 하고 오랫동안 사귄 친구를 십년지기十年知己라고 한다. 열 번 찍어 안 넘어가는 나무 없다고 할 때는 십벌지목十伐之木이라고 한다. 또 오래 사는 열 가지를 십장생十長生이라 한다. 십장생에는 해와 산과 구름, 돌과 물, 소나무와 불로초, 사슴, 학, 거북이 있다. 오래 사는 생명에는 여러 존재가 있을 텐데 왜 굳이 열 가지만 들었을까? 지구상에 존재하는 오래 사는 생명체를 다 모았다는 상징을 십十이라는 숫자에 담아낸 것이다.

백百과 천千, 만萬도 아주 많다는 관습적인 뜻을 담았다. 백화점百貨店은 직역하면 백 가지 상품을 파는 가게란 뜻이다. 온갖 종류의 상품을 판다는 의미를 백百에 담았다. 온갖 분야를 사전 형식으로 분류한 책은 백과사전百科事典이라 하고 온갖 꽃이 피어 있을 때는 백화百花가 활짝 피었다고 한다. 다만 백百이 주로 '많다'는 의미로 쓰였다면 천千과 만萬은 '아주 멀다.', '상당히 길다.'는 관습적 의미로 사용됐다.

아주 빨리 달리는 말을 천리마千里馬라 하고 아주 오랜 세월은 천추千秋라 한다. 고향과 떨어진 아주 먼 곳은 타향 천리他鄕千里라 하고 몹시 힘들 때는 '몸이 천근千斤 같다.'고 말한다. 천千은 만萬과 어울려 자주 쓰이기도 한다. 온갖 종류의 고생을 일컬어 천신만고千辛萬苦라 하고 매우 다양함을 표현할 때는 천차만별千差萬別이라고 한다.

만년필萬年筆은 만 년 동안 쓸 수 있는 펜이다. 만년설萬年雪은 만 년 동안 녹지 않는 눈이다. 만 가지 재능을 가진 사람이 만능萬能 선수다. 오만상五萬相을 찌푸린다는 말은 문자적으로는 오만가지 얼굴 모습으로 찌푸린다는 뜻이다. 하지만 오五는 완전수이고 만萬은 아주 많다는 상징어이니 온갖 얼굴 모습으로 찌푸린다는 의미다.

숫자는 단지 기호일 뿐이지만 사람들은 숫자에 주술이 있다고 믿고 특정한 숫자를 좋아하거나 싫어한다. 숫자는 단순한 상징을 넘어 사람들의 의식을 지배하고 움직이는 힘을 지녔다.

다시보기

삼三 : 완전한 수.

   ＊ 삼세번, 만세 삼창三唱, 삼천리三千里 금수강산

오五 : 음양의 원리를 갖춘 완전수

   ＊ 오음五音, 오행五行, 오색五色, 오미五味, 오상五常

구九 : 아주 많다, 아주 길다는 뜻

   ＊ 구미호九尾狐, 구중궁궐九重宮闕, 구곡간장九曲肝腸

십十 : 충분하다, 일단락시키다는 뜻

   ＊ 십년지기十年知己, 십벌지목十伐之木

백百 : 온갖, 많다는 의미

   ＊ 백화점百貨店, 백과사전百科事典, 백화百花

천千, 만萬 : 아주 멀다, 상당히 길다는 관습적 의미

   ＊ 천리마千里馬, 천신만고千辛萬苦, 천차만별千差萬別, 만년설萬
   年雪

자유와 희망의 상징,
새

허공을 나는 새는 자유로움을 갈망하는 인간에게 동경의 대상이었으며 새벽에 울리는 새소리는 새로운 기회를 향한 희망을 안겨주었다. 여러 신화나 종교에서 새는 인간과 신 또는 하늘과 땅을 연결하는 중재자나 메신저 역할을 하기도 했다. 새는 인간 가까이에 살면서 반가운 손님이 왔다고 알려주기도 하고 풍년이 들었다고 울기도 하며, 때로는 한의 상징이 되기도 했다.

새 가운데는 죽지 않는 새가 있다. 피닉스라고 불리는 고대 이집트 상상의 새다. 피닉스는 죽음이 가까워지면 향기가 나는 나뭇가지로 둥지를 틀고 불을 붙여 몸을 태워 죽인다. 그러면 그 불로 새로운 피닉스가 태어난다. 피닉스는 독수리 정도의 크기에 턱 주위에는 금색 관모가 있다. 진홍색이며 꼬리는 파랗다. 목에는 삭모가 있고 머리에는 깃털로 된 볏이 있다. 피닉스는 사람들에게 재생과 불멸의 상징으로 각인됐다. 동양에서는 이를 불사조不死鳥라 부른다. 불사조란 영원히 죽지 않는 새란 뜻이다. 그리하여 어떤 고난에도 좌절하지 않고 이겨내는 사람을 '불사조'라고 부른다.

날개가 하나뿐인 새도 있다. 바로 비익조比翼鳥다. 비익조는 백거이白居易의 「장한가長恨歌」에 나온다. 시의 마지막 구절에는 당 현종과 양귀비 간에 사랑의 약속이 있다.

在天願作比翼鳥 하늘에서는 원컨대 비익조가 되고,
在地願爲連理枝 땅에서는 원컨대 연리지가 되리라.

비익조比翼鳥는 날개가 나란한 새란 뜻이다. 전설의 새로, 눈이 하나이고, 날개도 하나라서 제대로 날 수가 없다. 하지만 암수가 한 쌍이 되어 몸을 합치면 양옆을 제대로 볼 수 있고 날 수가 있다. 그리하여 비익조는 부부 사이가 매우 좋은 것을 비유하는 말이 되었다.

예로부터 까마귀는 검은색인 데다 울음소리도 불길한 느낌을 주어 흉조의 상징으로 여겨 왔다. 하지만 까마귀는 효도

하는 새이기도 하다. 『본초강목本草綱目』에서는 자식이 어미를 먹여 살리기로는 까마귀만한 새가 없다고 했다. 그래서 까마귀를 일컬어 반포조反哺鳥라 부른다. 반포反哺란 받아먹은 것을 되돌려 갚는다는 뜻이다. 까마귀는 어른이 되면 야위게 된 부모를 먹여 살린다는 것이다. 하지만 과학적 진실에 의하면 까마귀도 어미가 자식에게 먹이를 준다. 내리사랑은 있어도 치사랑은 없다고 한다. 아무리 자식이 부모에게 효도를 다 한들 부모의 사랑에 비할 수는 없다.

정곡正鵠은 새 이름에서 만들었다. '정곡을 맞췄다.'와 같이 요점이나 핵심을 맞추었을 때 '정곡을 찌르다.', '정곡을 꿰뚫다.'라고 말한다. 정곡은 가장 중요한 핵심이나 요점을 비유해서 쓰는 말로, 과녁의 한가운데 점이다. 그런데 정正과 곡鵠은 본래 새 이름이다. 정正은 몸집이 아주 작은 제견조라는 새인데, 매우 빠르고 영리해서 활을 쏘아도 좀체 맞추기 힘들다고 한다. 곡鵠은 백조로도 알려진 고니다. 고니는 아주 높고 멀리 날기 때문에 화살을 쏘아 맞히기가 참 어렵다. 과녁의 한복판은 맞추기가 참 어려우므로 맞추기 힘든 두 새의 이름을 따서 정곡正鵠이란 말을 만들었다.

사물을 뚫어지게 바라본다는 뜻의 응시鷹視는 매와 관련 있다. 응시의 응鷹은 매다. 곧 응시는 매의 눈처럼 부릅뜨고

노려보는 것이다. 매는 시력이 워낙 좋아 높은 하늘 위에서
땅 위를 기어가는 생쥐의 움직임을 포착할 수 있다. 사냥감을
뚫어지게 노려보다가 기회다 싶으면 순식간에 내려와 낚아챈
다. 응시는 매의 시선이다. 반면 응시凝視라고 쓸 때는 눈길
을 모아 한곳을 똑바로 바라보는 것을 뜻한다.

'응시'한다는 것은 단순히 바라보는 것을 넘어, 대상의 본
질을 꿰뚫으려는 깊은 시선과 관찰을 의미한다. 오늘날 우리
사회는 너무 많은 정보와 자극에 둘러싸여 표면적인 것만을
보려는 경향이 있다. 피상적인 눈으로는 복잡한 사회 문제를
올바로 이해하기 어렵다. 더 깊이 들여다보고 문제의 근원과
본질을 응시할 필요가 있다.

 다시보기

불사조不死鳥 : 영원히 죽지 않는 상상의 새로, 어떤 고난에 부딪혀
　　　도 좌절하지 않는 사람을 비유
비익조比翼鳥 : 날개가 나란한 새로, 부부 사이가 좋은 것을 비유
정곡正鵠 : 과녁의 한가운데 점 혹은 핵심이나 요점을 비유. 정正은
　　　몸집이 아주 작은 제견조, 곡鵠은 백조로도 알려진 고니를 말함
응시鷹視 : 매가 노려보는 것처럼 눈을 부릅뜨고 뚫어지게 바라보는 것
응시凝視 : 눈길을 모아 한 곳을 뚫어지게 바라보는 것

백두산에서
한라산까지

　우리나라는 전 국토의 3분의 2가 산으로 둘러싸여 있다.
예로부터 사람들은 산이 신령한 기운을 품고 있다고 생각했
으며 민족의 정기를 담고 있다고 믿었다. 그리하여 마을마다
그 마을을 대표하는 진산鎭山을 두어 산이 마을을 지켜준다
고 믿었다. 우리나라를 대표하는 산들의 유래에 대해서 살펴
보자.

　우리나라에서 가장 높은 산은 백두산白頭山이다. 2,744미
터에 달한다. 백두산은 머리가 하얀 산이란 뜻이다. 산머리
는 눈이 녹지 않아 흰 산으로 불리는 것이라 생각하기도 한
다. 실제로 백두산 꼭대기는 만년설로 불린다. 그렇지만 백
두산의 명칭은 꼭대기[頭]에 하얀[白] 돌이 있어서 붙인 명칭

이다. 하얀 돌이 많아서 흰 꼭대기란 명칭이 붙게 되었다. 백두산 꼭대기엔 천지天池라 불리는 호수가 있다. '하늘 연못'이라는 예쁜 이름이다.

금강산金剛山은 가장 아름다운 산이다. 금강산은 계절에 따라 이름이 다르다. 금강산金剛山은 봄에 불리는 이름이다. 봄에 해가 떠서 아침 이슬이 빛나는 모습이 보석인 금강석과 같다고 하여 붙인 이름이다. 금강金剛은 쇠처럼 빛나고 단단하다는 뜻이다. 여름에는 봉래산蓬萊山으로 부른다. 도교의 삼신산 중 하나인 봉래산의 아름다움을 연상해서 붙인 이름이다. 가을에는 풍악산楓嶽山이라 불린다. 단풍나무 풍楓자와 큰산 악嶽을 합쳐 이름을 지었다. 단풍이 든 큰 산이란 뜻이다. 겨울의 이름은 재미있다. 나뭇잎이 다 떨어지고 바위만 남아 산이 자신의 뼈를 다 드러낸다. 그래서 붙인 이름이 개골산皆骨山이다. '모두 개皆'와 '뼈 골骨'이니, 모두 뼈뿐이라는 뜻이다.

강원도에는 설악산雪嶽山도 있다. 금강산의 능선이 내려와 강원도에 이르러 만들어진 산이다. 설악산에서 가장 높은 봉우리인 대청봉을 중심으로 서부 일대 능선을 내설악이라 하고 동해안 일대를 외설악이라 한다. 옛날 문헌에서는 중추中秋가 되면 눈이 내리기 시작해 여름에 녹기 시작하므로 설악雪嶽이라 한다고 하였다. 또 돌이 눈같이 희므로 설악이라 한다는 기록도 있다.

전남 광주에는 무등산無等山이 있다. 호남의 대표적인 산으로 무등산 수박은 전국적으로 유명하다. 무등산의 무등無等은 등급이 없다는 뜻이다. 불교의 무유등등無有等等, 즉 부처는 모든 중생과 같지 않아 가장 높은 곳에 있으므로 견줄 것이 없다는 뜻에서 유래했다고 하기도 하고, 아무 차등도 없다는 뜻으로 해석하기도 한다. 하지만 무등산은 '무돌'에서 나온 말이다. 무돌은 '무지개를 뿜는 돌'이란 뜻의 순우리말이다. 곧 무등산은 무지개처럼 곱고 아름다운 돌산이란 뜻이다. 무등산은 서석산瑞石山이란 별칭을 갖고 있는데 이도 '무돌'에서 비롯된 것이다. 서瑞란 상서롭다는 뜻이니 서석산은 상서로운 돌산이다. 『동국여지승람東國輿地勝覽』과 『고려사高麗史』에서는 "이 산 서쪽 양지바른 언덕에 돌기둥 수십 개가 즐비하게 서 있는데 높이가 가히 백 척이 된다. 그래서 산 이름을 서석이라 했다."라고 적고 있다. 서석산은 조선 시대의 문인들 사이에서도 즐겨 쓰던 이름이었으며 현재까지도 무등산의 별칭으로 쓰고 있다.

우리나라 가장 남쪽에는 한라산漢拏山이 있다. 1,950m로 남한에서 가장 높다. 한漢은 은하수이고, 라拏는 잡아당긴다

는 뜻이다. 『신증동국여지승람新增東國輿地勝覽』, 「제주목
濟州牧」에서 "한라산은 고을의 남쪽 20리에 있는 진산이다.
한라漢拏라고 말하는 것은 은하銀河를 끌어당길 만하기 때
문이다."라고 기록하고 있다. 곧 한라漢拏는 산이 하늘 높이
솟아 은하수를 잡아당길 수 있다는 뜻이다. 무두악無頭岳이
라는 별칭도 있다. 산봉우리가 모두 평지와 같아 뾰족한 머리
[頭]가 없다[無]는 뜻이다. 한라산의 기원에 대해 '뜨겁다.'는
뜻을 지닌 몽골어 '한라(HALLA)'와 산山이라는 한자어가 결합
한 말이라는 주장도 있다. 한라산 꼭대기에는 화산 분출구로
만들어진 백록담白鹿潭이 있다. 사슴 록鹿이니 흰 사슴이 사
는 연못이라는 뜻이다. 여기에는 전설이 있다. 매년 복날에
선녀들이 내려와 이곳에서 목욕할 때마다 산신령들은 자리를
피해 주어야 했다. 어느 날 한 산신령이 미처 피하지 못하다
가 선녀들이 목욕하는 모습을 훔쳐보게 되었다. 놀란 선녀들
이 옥황상제에게 일러바쳤고, 옥황상제는 노하여 그 산신령
을 흰 사슴으로 변하게 했다. 이후 매년 복날이면 흰 사슴 한
마리가 슬피 울며 이 연못을 배회하여 붙인 이름이 백록담이
라는 것이다.

우리 민족의 영산靈山이었던 백두산과 금강산은 지금 북
쪽에 있다. 백두산은 중국을 에돌아가야 산 일부를 밟아볼 수

있다. 통일되는 날에 우리 땅, 우리 산을 마음껏 밟아보기를 소망해 본다.

 다시보기

백두산 白頭山 : 꼭대기[頭]에 하얀[白] 돌이 있어서 붙인 명칭
금강산 金剛山의 별칭 : 봄— 금강산金剛山, 여름—봉래산蓬萊山, 가을—
　　풍악산楓嶽山, 겨울— 개골산皆骨山
무등산 無等山 : 무지개를 뿜는 돌인 무돌에서 나온 이름
한라산 漢拏山 : 한漢은 은하수, 라拏는 잡아당긴다는 뜻으로 산이 하
　　늘 높이 솟아 은하수를 잡아당길 수 있다는 의미
백록담 白鹿潭 : 흰 사슴이 사는 연못이란 뜻

평안과 휴식의 공간,
섬

　섬을 일컫는 한자로 도島가 있고 서嶼가 있다. 육지와 떨어진 섬을 가리킬 때 흔히 두 글자를 합쳐 도서島嶼 지역이라 말한다. 엄밀히 말하자면 도島는 큰 섬을 가리키고 서嶼는 작은 섬을 뜻한다. 도島는 새 조鳥와 산 산山이 합쳐진 글자다. 바다나 호수 위를 날던 새가 쉬어가는 곳이란 뜻이다.

　일본과 치열한 영토 분쟁을 겪고 있는 독도獨島. 독도는 우리나라 가장 동쪽의 섬이다. '외로운 섬 하나 새들의 고향'이다. 독도獨島는 외로운 섬이란 뜻인데, 순우리말로 홀로섬이라 부른다. 원래 독도는 돌로 된 섬, 즉 석도石島라 불렸다. 경상도 방언으로 '독섬(돌 섬)'이라 부르다가 독도가 되었다. 독도獨島의 독獨 자를 독禿으로 쓰기도 한다. 예전 문헌에서는 나무가 없는 대머리 섬이란 뜻에서 대섬 혹은 대머리 독禿 자를 써서 독도禿島라고 불렀다. 일본이 독도를 죽도竹島라고 표기하며 자기네 땅이라 우기고 있지만, 죽도라는 이름 자체도 대섬에서 온 것이다. 사실 독도는 나무 한 그루 자라지 않는 곳이므로, 대나무섬이란 이름은 합당하지도 않다.

독도 옆에는 울릉도가 있다. 행정구역으로는 경상북도에 속한다. 울릉도鬱陵島의 울鬱은 빽빽하다는 뜻이고, 릉陵은 언덕이라는 뜻이다. 곧, 울릉도는 빽빽한 언덕이라는 뜻이다. 본래 이 섬에는 숲이 빽빽하게 우거질 정도로 나무가 많았는데, 일본인이 이 섬에 들어와 목재를 도벌해 갔다고 한다. 지금은 오징어와 관광객들로 빽빽한 섬이 되었다.

섬 가운데는 아이러니한 이름의 섬도 있다. 그 하나는 난지도蘭芝島다. 난蘭은 난초이고 지芝는 지초이니 난초와 지초가 피는 섬이다. 난지도는 난초와 지초 향기로 가득한 아름다운 곳이었다. 그러나 서울시의 쓰레기매립 장소로 결정되면서 난지도는 비극을 맞이하였다. 온갖 쓰레기로 뒤덮여 악취가 하늘을 찌르게 되었다. 하지만 2002년 월드컵을 맞이하여 난지도는 월드컵공원으로 다시 태어났다.

또 하나는 한센병 환자들이 모여 사는 소록도小鹿島다. 소록도 역시 이름의 뜻이 예쁘다. 소록도小鹿島는 '작은 사슴의 섬'이란 뜻이다. 섬의 모양이 작은 사슴 머리를 닮았다고 해서 붙였다. 이 섬에 사슴이 많아 붙였다고도 한다. 예쁜 이름과 달리 소록도는 슬픈 역사를 간직하고 있다. 일제 점령기에 일본인들이 한센병 환자를 대상으로 생체 실험을 했다. 노천명 시인은 사슴은 '목이 길어서 슬픈 짐승'이라 했다. 소록도의 운명이 참으로 얄궂다.

관광의 섬으로는 보길도甫吉島와 안면도安眠島를 추천한다. 보길도는 남쪽 땅끝마을인 해남, 강진에 있다. 고산 윤선도가 쓴 「어부사시사漁父四時詞」의 배경 공간이기도 하다. 보길도甫吉島는 크다는 뜻의 보甫와 좋다는 뜻의 길吉을 합쳐, 크고 좋은 섬이라는 뜻을 담고 있다. 보길도는 「어부사시사」의 작가인 윤선도尹善道가 늘그막에 은거해 살던 곳으로 유명하다. 보길도의 명칭엔 예전 윤선도가 이름을 붙인 것들이 많다. 특히 윤선도가 노닐던 부용동 8경과 송시열의 글을 쓴 바위를 포함한 보길도 10경은 그윽한 정취를 가득 안겨 준다.

안면도安眠島는 충남 태안군에 있는 섬으로 편안히 잠자는 섬이란 뜻이다. 우리나라에서 모래가 가장 고운 곳이다. 예로부터 안면도에는 새와 짐승도 편안히 누워 쉴 수 있다는 뜻의 '범조수지언식凡鳥獸之偃息'이라는 말이 있었다. 태안泰安이란 지명도 크게 편안한 고장이란 뜻이다. 지명 덕분인지 태안 지역은 큰 침략이나 자연재해가 거의 없었다고 한다. 안면도의 하얀 모래와 푸른 소나무, 붉은 노을의 기막힌 대비는 절로 탄성을 자아낸다.

사람들이 꿈꾸는 이상향도 있다. 이어도離於島는 바다에 있는 유토피아다. 이어도는 제주도 어부들의 마음속에 있는 피안彼岸의 세계다. 제주도의 민요인 '이어도 타령'이나 '이어도 사나'에서 보듯 제주도 해녀들은 삶이 고달플 때면 바다 멀리에 있을 이어도를 그리워했다. 이 섬을 본 사람은 하나도 없으며 바다에서 죽은 사람들은 모두 이 섬에 의롭게 모여 산다고 한다. 그런데 전설의 이 섬이 진짜 섬이 되었다. 마라도에서 서남쪽으로 149킬로미터 떨어진 곳에 있는 섬을 이어도라고 부르게 된 것이다. 삶이 고단할 때 번잡한 곳을 벗어나 한적한 섬을 찾으면 평안과 쉼을 얻게 될 것이다.

 다시보기

도서島嶼 : 도島는 큰 섬을, 서嶼는 작은 섬을 뜻함

독도獨島 : 홀로 섬. 본래 석도石島, 돌 섬에서 독도로 바뀜. 예전엔 대머리 섬이란 뜻의 독도禿島라 불리기도 함

소록도小鹿島 : 작은 사슴의 섬. 섬의 모양이 작은 사슴 머리를 닮음. 한센병 환자들이 모여사는 곳

보길도甫吉島 : 크다는 뜻의 보甫와 좋다는 뜻의 길吉을 합쳐 크고 좋은 섬이라는 뜻. 고산 윤선도의 은거지

몸이 튼튼해야
마음도 즐겁다

돈을 잃으면 적게 잃는 것이고, 명예를 잃으면 많이 잃는 것이며, 건강을 잃으면 전부를 잃는 것이다. 몸이 병들면 마음도 약해진다. 몸이 건강해야 기운찬 삶을 누릴 수 있다. 현대인들은 건강에 관심이 많아서 좋은 신체를 가꾸기 위해 다양한 노력을 기울인다.

건강에 좋은 운동 가운데 하나가 유산소운동有酸素運動이다. 유산소운동이란 산소가 있는 운동이란 뜻이다. 달리기, 수영, 줄넘기, 에어로빅 등이 있다. 근육에 산소가 공급되려면 운동 시간이 비교적 길어야 하며 움직이는 동안 계속 숨을 쉬어야 한다. 운동 시작 삼십여 분이 지나면 지방 분해가 시작되어 체중 감량 효과가 나타나기 시작한다. 유산소운동은 지방질을 태워 없애는 효과가 있으며 큰 힘을 들이지 않고도 간단하게 할 수 있다. 유산소운동이 아닌 운동은 무산소운동이라고 한다. 윗몸일으키기, 팔굽혀펴기, 씨름 등이 있으며 힘이 들고 숨이 차서 오래 계속하기 어렵다.

다이어트를 위해 무리하게 음식을 줄이려다가 강박증이 심해지면 음식을 거부하게 된다. 이를 거식증拒食症이라고 한다. 먹는 것을 거부하는 증세라는 뜻이다. 살이 찌는 것에 대한 강한 두려움으로 먹는 것을 극단적으로 거부하거나 두려워하게 되는 증상이다. 질병病이 온갖 질환이라면 증症은 질병 자체가 아니라 병을 앓을 때 나타나는 개별적인 증상이나 징후를 의미한다. 거식증은 자칫 목숨을 앗아가기도 한다. 반대로 음식을 지나치게 많이 먹는 폭식증暴食症도 있다. 복통이나 구역질이 날 때까지 먹고 나서 몸무게가 늘어나는 것을 막기 위해 토하거나 약물을 복용한다. 거식증이나 폭식증 모두 몸무게에 대해 지나친 스트레스를 받으며 살아가는 현대인의 슬픈 자화상이다.

건강해지려면 물을 자주 마셔야 한다. 지금엔 물도 음료수처럼 판다. 사람들이 식수를 믿지 못하게 된 것이다. 물이나 음료수에 들어 있는 세균이 원인이 되어 일으키는 병이 수인성전염병水因性傳染病이다. 수인성전염병은 물로 인해서

전염되는 병이란 뜻이다. 집단으로 오염된 물을 마시거나 장마나 홍수 뒤에 흔히 발생한다. 설사와 복통을 동반하며 콜레라, 장티푸스, 세균성 이질 등이 수인성전염병과 관련된다. 물을 반드시 끓여 먹고 손을 깨끗이 씻는 습관이 필요하다.

과도한 일과 스트레스를 달고 살아가는 현대인은 만성피로증후군에 시달리며 살아간다. 만성慢性이란 버릇이 되다시피 거듭되어 쉽게 고쳐지지 않는 성질을 말하니 만성피로慢性疲勞는 피로가 거듭되어 늘 피로감을 느끼는 증상을 말한다. 증후군症候群은 같은 증세를 나타내는 무리란 뜻이다. 몇 가지 증세가 늘 함께 나타나나 그 원인이 명확하지 않으며, 한 가지가 아닌 여러 증세가 함께 나타난다. 무기력과 수면 장애, 심한 졸음 등이 몇 개월 이상 지속되면 만성피로증후군이 의심된다. 증후군은 한 가지의 뚜렷한 원인이나 질환도 없이 잘 낫지도 않는다. 문명이 편리함과 간편함을 가져다주어도 현대인은 더욱 피곤하기만 하다. 육체적으로 쉬어도 정신적으로 쉴 수가 없는 오늘날의 삶은 만성피로증후군이 직장인 증후군 1위라는 결과를 가져왔다.

각종 스트레스와 증후군에 시달리는 현대인들에겐 무엇보다 자신의 마음을 잘 돌보는 것이 필요해 보인다. 몸에만 신경 쏟고 사람들 눈치 보며 사느라 정작 중요한 마음을 돌보는 일을 소홀히 하기 쉽다. 생활 습관을 개선하고 적절하게 운동하는 일과 더불어 명상이나 산책, 책 읽기 등을 통해 감정을 조절하고 작은 순간들에서 행복을 찾는다면 스트레스나 불안감이 훨씬 줄어들 것이다.

 다시보기

증症 : 병病이 온갖 질환이라면 증症은 질병 자체가 아니라 병을 앓을 때 나타나는 개별적인 증상이나 징후. 오슬오슬 춥고 떨리는 오한惡寒이나 구토 등 주관적인 느낌도 증症이라 할 수 있으며 어지럼증, 우울증도 있음

거식증拒食症 : 먹는 것을 거부하는 증세

증후군症候群 : 같은 증세를 나타내는 무리란 뜻으로 한 가지가 아닌 여러 증세가 함께 나타나는 증세

약자를 보호해 주어야 하는 법

법이 정말로 모든 인간에게 공정하게 작용하고 있는지는 논란거리다. 돈이 있으면 죄가 없고 돈이 없으면 죄가 있다는 유전무죄有錢無罪, 무전유죄無錢有罪라는 말은 때마다 사람들 입에 오르내린다. 그럼에도 법이 아예 없다면 오직 힘센 자가 군림할 것이므로 인간 질서를 유지하는 데 법은 매우 중요하다. 법이 모든 사람에게 공평하게 이루어질 때 더욱 아름다운 사회가 될 것이다.

피의자가 자신에게 불리할 때면 아예 입을 닫아버린다. 이를 묵비권默秘權이라고 한다. 묵비권默秘權은 침묵하고 [默] 숨길 수 있는[秘] 권리[權]란 뜻이다. 피고인이나 피의자가 자기에게 불리한 진술을 강요당하지 않을 권리다. 피의

자被疑者란 의심을 받는 사람이란 뜻으로, 범죄 혐의는 받고 있지만 아직 재판에 넘겨지지 않은 사람이다. 형사가 범죄 혐의자를 체포할 때는 피의자 혹은 피고인에게 묵비권을 행사할 권리가 있다는 말을 반드시 알려주어야 한다. 이를 미란다 원칙이라고 한다. 묵비권은 고문에 의한 자백 강요를 막고 피의자나 피고인의 인권을 보호하기 위한 취지에서 나왔다.

공소제기公訴提起라는 말도 흔히 쓴다. 공소公訴란 공적인 소송이란 뜻이고 제기提起는 기소起訴를 내어놓다, 곧 소송을 일으킨다는 뜻이다. 따라서 공소제기란 검사가 어떤 사건에 대해 그 심판을 요청하는 행위를 말한다. 수사한 결과 범죄 혐의가 충분해서 유죄판결이 나올 수 있다고 판단이 되면 검사는 공소를 제기한다. 기소起訴라고도 한다. 기소는 소송을 요구한다는 뜻이다. 만약 사건이 죄가 되지 않거나 증거가 없을 때는 공소를 제기할 수가 없다. 이를 불기소不起訴라고 한다. 기소하지 못한다는 뜻이다.

어떤 범죄에 대해 일정 기간이 지나면 공소제기를 할 수가 없다. 이를 공소시효公訴時效라고 한다. 공소시효란 소송에 대해 효력을 지속할 수 있는 기간이란 뜻이다. 공소제기를 허용하지 않은 이유는 시간이 지나면서 증거를 판단하기 곤란하거나 피고인의 생활 안정 보장을 위해서라고 한다. 공소시효가 지나면 소송을 진행할 수가 없다. 때문에 이 제도를 악용해서 공소시효가 지날 때까지 숨어 사는 도피자도 있다. 다만 국제사회에서 살인죄에 대한 공소시효 완전 폐지에 대한 여론이 일어나 우리나라도 2000년 이후에 일어난 살인죄에 대한 공소시효는 2015년에 폐지되었다.

죄의 무게가 가벼울 때 정상을 참작하여 일정 기간 형의 집행을 유보하기도 한다. 이를 집행유예執行猶豫라 한다. 집행유예는 집행을 보류한다는 뜻이다. 유예猶豫는 미루거나 늦춘다는 뜻인데 이 말은 본래 전설상의 동물에서 비롯되었다. 유猶는 원숭이의 일종인데, 이 원숭이는 겁이 하도 많아 조그마한 소리에도 달아난다고 한다. 다시 내려와 놀다가 소리만 나면 숨기를 반복하다 하루해를 다 보낸다. 예豫는 몸집이 매우 큰 맘보 코끼리인데, 이 코끼리는 덩치만 컸지 겁이 많아 좀체 발걸음을 옮기지 못한다고 한다. 이처럼 겁이 많아 머뭇거리면서 행동으로 옮기지 못하는 두 동물을 합쳐 유예猶豫란 말이 생겨났다. 집행유예를 할 수 있는 조건은 3년 이하의 징역을 선고받고 정상을 참작할 만한 사유가 있어야 한다.

기소유예起訴猶豫도 있다. 기소유예란 소송을 일으키지 않고 보류하는 것이다. 범죄 혐의가 충분하고 소송을 걸만한 조건이 충분히 되지만 범인의 나이나, 범행 동기 등을 헤아려 사정을 고려해 주어야 한다고 판단되면 기소를 하지 않고 용서해 주는 것이다. 이는 범인의 속사정을 생각해 볼때 전과자를 만드는 것보다 다시 더 올바로 살 수 있는 삶의 기회를 주는 것이 더 좋을 때를 고려한 제도다.

범인이 기소유예를 받았더라도 또 다른 혐의가 발견되면 언제든 다시 공소를 제기할 수 있다.

유명한 스포츠인이나 연예인이 늘어나면서 자기 얼굴에 대한 권리가 중요해졌다. 자기의 얼굴, 즉 초상肖像이 허가 없이 촬영되거나 널리 널리 공개되지 않을 권리를 초상권肖像權이라고 한다. 대가를 지급한 촬영이나 보도 활동으로 판명된 촬영은 예외로 한다. 사람의 얼굴도 하나의 인격에 속하므로 남의 이름이나 얼굴 사진을 함부로 사용하는 것은 사생활 침해다. 그리하여 자신의 얼굴이 함부로 활용됨으로써 심각한 인격 침해를 당하는 것을 막기 위해 초상권을 둠으로써 개인의 사생활을 보호하는 것이다.

법이 권력의 편을 들고 약자를 보호해 주지 못하면 사회 정의는 실종되고 삶의 안정성은 위협받는다. 법의 불공정성을 극복하기 위해서는 법의 집행이 공정하게 이루어지도록 감시하는 시스템을 강화하고 나아가 시민들이 자신의 권리와 의무를 이해하고 감시자로서의 역할을 잘해야 할 것이다.

 다시보기

묵비권 默秘權 : 침묵하고[默] 숨길 수 있는[秘] 권리[權]. 피고인이나
　　피의자가 자기에게 불리한 진술을 강요당하지 않을 권리. 미란
　　다 원칙으로 불림

공소제기 公訴提起 : 공소公訴는 공적인 소송의 뜻이고 제기提起는
　　기소起訴를 내어놓다, 곧 소송을 일으킨다는 뜻. 검사가 어떤
　　사건에 대해 그 심판을 요청하는 행위

공소시효 公訴時效 : 소송에 대해 효력을 지속할 수 있는 기간. 살
　　인죄 공소시효는 2015년에 폐지

집행유예 執行猶豫 : 유예猶豫는 미루거나 늦춘다는 뜻. 실제 시행
　　하는 일을 보류하는 것

기소유예 起訴猶豫 : 소송을 일으키지 않고 보류하는 것

나라를 다스리고 백성을 구제하는, 경제

"경제가 살아나야 할 텐데."

사람들은 매일 경제를 걱정한다. 나라 경제가 살아나야 집안의 살림살이가 펴진다고 말들 한다. 경제란 무엇이기에 온 국민이 그토록 관심을 두는 걸까?

경제經濟는 서양의 'Economy'를 번역한 말로 인간의 생활에 필요한 재화를 생산, 분배, 소비하는 모든 활동이다. 경제는 날 경經과 건널 제濟로 구성되었다. 경제는 본래 동양 문화에서 오래전부터 사용해 오던 경세제민經世濟民의 줄임말이다. 경經은 날줄, 곧 세로로 놓는 줄을 말한다. 베를 짤 때는 세로줄인 날줄과 가로줄인 씨줄을 엇갈아 가며 천을 만든다. 날줄에서 다스리다는 뜻이 갈라져 나왔는데 경세經世란 나라를 다스려 이끈다는 뜻이다. 제濟에는 '빈곤이나 어려움에서 건져내다.'라는 뜻이 있다. 곧 제민濟民은 백성을 구제한다는 뜻이다. 경세제민經世濟民은 나라를 다스리고 백성을 구제한다는 뜻이다. 베를 가로, 세로로 촘촘하게 짜서 옷감을 만들듯이 나라를 잘 관리하여 백성을 가난에서 벗어나게 해주는 것이다. 경제經濟의 번역어인 이코노미(economy)의 어원은 '집안 살림'이다. 서양이 경제 개념을 집안 살림에 둔 반면 동양은 범위를 넓혀 나라 살림에 두고 있다.

오늘날과 같이 국제화 시대가 열리고 각 나라 기업의 세계적인 진출이 활발해지면서 다국적기업이 늘어나고 있다. 다국적기업多國籍企業이란 여러 개의 국적을 소유한 기업이란 뜻이다. 어떤 기업이 단순히 해외에 지점을 두는 것이 아니라 그 나라의 국적을 얻어 그곳 법인으로서의 판매 회사를 갖고 본사의 전략에 따라 현지의 실정에 맞게 움직이는 기업을 말한다. 범세계적인 조직망을 갖춘 초국적 기업이라고 할 수 있다. 다국적기업은 현지의 국적을 취득한 공장과 회사를 지니고 현지의 실정에 맞게 전략을 짤 수 있다. 그렇지만 부강한 나라의 다국적기업이 약소국으로 진출하면 약소국의 기업들은 강대국의 다국적기업을 당해낼 수가 없으므로 종속이 심화되고 약소국이 경제적으로 자립하는 데 큰 장애가 되기도 한다.

기업이 재정 상태나 경영 실적을 좋게 보이게 할 목적으로 일부러 자산이나 이익을 부풀리는 일이 있는데 이를 분식회계粉飾會計라 한다. 분식粉飾은 화장할 때 분으로 얼굴을 예쁘게 꾸미는 것이다. 곧 분식회계란 회사의 실적을 실제보다 좋게 보이게 하려고 회사의 장부를 조작해서 거짓으로 꾸미는 것이다. 분식회계는 주주와 채권자들에게 잘못된 판단을 하게 하고 큰 손해를 끼치게 하므로 법으로 금지되어 있다. 거꾸로 세금 부담이나 임금 인상을 피하려고 실제보다 이익이 적어 보이도록 조작하기도 하는데 이를 역분식회계逆粉飾會計라고 한다.

돈을 최고의 가치로 여기는 생각이 널리 퍼지고 각자도생의 경쟁 사회가 되면서 인간애가 점점 뒷전으로 밀리고 있다. 이러한 환경에서 법적으로 빠져나갈 궁리나 하고, 남의 눈에 띄지 않는 곳에서는 나쁜 짓을 은밀하게 저지른다. 이러한 현상을 도덕적 해이라고 한다. 해이解弛란 풀리고 느슨해진다는 뜻이다. 빠져나갈 구멍을 믿고 도덕적으로 해이해진 행동을 하는 것이다. 은행이 정부의 보증을 믿고 부실한 기업에 대출을 해주거나 예금보호제도를 믿고 이율이 높은 부실 은행에 돈을 맡기는 태도 등이 도덕적 해이다. 모럴 해저드

(Moral Hazard)라고 부른다.

　사회 분위기가 어지럽거나 조직 내에 중요한 문제가 있으면 몸을 사리게 된다. 적당히 하려는 마음이 생겨 능동적으로 움직이지 않고 시키는 일만 한다. 이런 행동을 복지부동伏地不動이라고 한다. 복지부동伏地不動이란 땅에 엎드려 움직이지 않는다는 뜻이다. 군인들이 위급한 전쟁 상황에서 몸을 은폐하고 땅에 엎드려 움직이지 않은 데서 나온 말이다. 일을 열심히 하지 않아도 불이익을 받지 않는다거나 혹여 잘못 행동하다가 불이익을 받을지 모른다는 생각 때문에 복지부동을 한다. 복지부동의 생각이 퍼지면 구성원들이 책임을 회피하고 소극적으로 행동하게 된다.

　복지부동은 조직의 변화를 가로막고 혁신을 막는다. 복지부동에서 벗어나 자신의 역할에 대한 윤리적 마음가짐과 책임 의식을 가져야 한다. "내가 맡은 일로 인해 다른 사람에게 어떤 영향을 미칠까?"를 항상 생각하며 공공의 이익을 우선하는 마음가짐이 필요하다. 자신이 맡은 일에 책임을 피하지 않고 "이 일은 내 몫이다."라는 마음으로 임한다면 자신뿐 아니라 조직의 성장과 발전에도 기여하게 될 것이다.

다시보기

다국적기업多國籍企業 : 여러 개의 국적을 소유한 기업. 기업이
　　　다른 나라의 국적을 얻어 그곳 법인으로서의 판매 회사를 갖
　　　고 현지의 실정에 맞게 움직이는 기업

분식회계粉飾會計 : 분식粉飾은 화장할 때 분으로 얼굴을 예쁘게
　　　꾸미는 일. 분식회계란 회사의 실적을 실제보다 좋게 보이게
　　　하려고 회사의 장부를 조작해서 거짓으로 꾸미는 것

복지부동伏地不動 : 땅에 엎드려 움직이지 않는다는 뜻으로 일이
　　　나 업무 등 주어진 상황에서 몸을 사리는 것

찾아보기

ㄱ

가가호호 55
가두 123
가장 176
가차 95
가출 182
각閣 43
각刻 234
간肝 128
간看 16
간과 17
간호사 30
간호원 30
간호조무사 32
김瞰 18
감기 247
감언 257
강사 32
개골산 313
갱신 24
거마 23
거식증 322
건달 143
건배 262
건춘문 154
건태 300
검사 32
검찰사무관 32
견見 16
결과 144
결혼 213
경更 24
경각 234

경덕궁 296
경리계 76
경리과 75
경복궁 294
경세제민 330
경신 24
경운궁 296
경위 114
경전 114
경제 330
경종 113
경형 103
경회루 42
경희궁 294
계界 75
계系 75
계係 75
계장 76
고과 75
고배 263
고백 190
고복 226
고언 257
고육책 118
고희 221
공부 236
공소시효 326
공소제기 326
공휴일궤 109
과科 74
과課 74
과세過歲 288
과세課稅 75

관觀 16
관상 18
관악산 46
관점 18
관찰 17
광풍각 43
광해군 37
광화문 294
교언영색 257
교육계 75
구곡간장 305
구미호 304
구사일생 305
구설수 255
구절양장 304
구정 286
구제역 51
구중궁궐 304
국궁 166
국문학과 74
국월 169
군君 37
굴비 299
궁궐 304
궁전 293
궁형 255
권투 193
궤변 256
귀감 112
귀성 287
귀하 152
귀향 287
규장각 43

균열 113
근묵자흑 208
근정전 294
근해어선 79
금金 172
금강산 313
금석지교 172
금수 266
금원 295
금의 266
금의환향 266
금자탑 172
기氣 245
기期 55
기고만장 246
기라성 138
기력 245
기분 246
기소 326
기소유예 327
기우 52
기운 245
기절 246
기진맥진 246
기차 22
기합 246
기획과 74
긴가민가 135
김장 283
김치 282

ㄴ
나락 144
나박김치 284
나사 130
나성 95
낙서재 42
낙하산 130
난장판 242

난지도 318
남대문 56
남상 108
낭자 59
낭패 63
내과 75
내막 157
내면 157
내복 157
내외 157
내유외강 157
냉장고 132
노가리 300
노골적 215
노인장 186
녹우당 42
녹의홍상 264
누樓 42

ㄷ
다과 291
다구 290
다국적기업 331
다모 290
다반사 290
다방 291
다비 225
다산 302
다실 291
다종 290
단短 178
단도 178
단발 178
당堂 41
당구풍월 252
당상 252
대臺 43
대代 56
대작문화 261

대장부 186
대책 242
대청봉 46
대한문 296
대합실 139
덕담 288
덕수궁 284
도루묵 301
도무지 102
도박사 32
도봉산 46
도지사 32
독도 317
독락당 42
독백 190
돈화문 295
동銅 174
동고동락 92
동국 164
동기 247
동대문 56
동방 165
동상 174
동양 165
동전 174
동치미 284
동태 299
동풍 164
두각 121
두괄식 123

ㅁ
막상막하 149
만灣 80
만경대 43
만년설 306
만년필 306
만능 306
만두 122

만성피로증후군 323
만장 186
망우물 259
매월당 42
매장 225
면목 95
면앙정 43
면우 207
명경과 238
명례궁 296
명심 200
명절 286
명태 299
모계 76
목目 197
목사 31
묘수 271
묘호 37
무두악 315
무등산 314
무산소운동 322
무진장 142
묵비권 325
묵형 103
문門 55
문외한 158
문장대 47
미래 144
미망인 226
미봉책 119
미용사 32
미인계 117
밀월 216

ㅂ
박빙 100
반추 58
반추위 58
반포조 310

발광주 259
방귀 247
방축향리 287
배추 283
백白 188
백과사전 305
백두산 312
백록담 315
백마 188
백면 189
백면서생 189
백미 189
백발삼천장 186
백서 189
백수白手 194
백수건달 194
백숙 189
백안시 198
백운대 43
백의 189
백의민족 265
백의종군 265
백호 188
백화 305
백화점 305
변소 98
변호사 31
별안간 232
병病 50
병자 52
보길도 319
보수 261
복지부동 333
봉峯 46
봉기 60
봉래산 317
봉창 251
부용정 295
부용지 295

북어 300
분分 72
부조금 213
분류 72
분석 72
분식회계 332
불기소 326
불사조 309
불혹 220
붕崩 224
붕우 207
붕우유신 207
비기지제 208
비난 67
비실지처 208
비원 295
비익조 309
비자 107
비조 107
비판 66
비평 67

ㅅ
사死 224
사師 30
사士 31
사事 31
사기 246
사세손 56
사숙 239
사의재 42
사전 26
사족 194
사지 195
사직 278
사춘기 169
사해 79
산山 45
산맥 46

산천재 42
산통 127
삼경 233
삼대조 56
삼십육계 118
삼창 304
삼촌설 254
삽시간 232
상가 225
상경 149
상급생 148
상류층 148
상륙 149
상명하복 148
상투 149
생태 299
서거 224
서과 166
서랍 134
서방 164
서방정토 165
서양 165
서역 165
석교 207
석도 317
석수어 299
선수 194
선월 169
선입견 183
선조 37
선풍기 131
설악산 313
성省 16
성냥 135
성대모사 92
성묘 288
성찰 17
세世 56
세배 288

세조 38
세종 37
소素 190
소록도 318
소박 190
소방차 23
소복 190
소주 260
수手 270
수강궁 295
수구초심 123
수도 123
수류탄 131
수석 123
수인성전염병 322
수작 261
수작문화 261
수정전 294
수족 193
숙제 237
순식간 232
순장 226
순조 38
술래 88
슬하 149
승부수 271
승차 23
시視 16
시말서 139
시점 18
시조 56
시청 17
시회 237
식언 255
식영정 43
신경계 76
신일 287
신정 286
신주 227

실내 157
실수 196
실언 256
실족 196
심금 114
십년감수 305
십년지기 305
십벌지목 305
십장생 305
십팔번 137
썰매 86

ㅇ

아수라장 143
악퇴 45
악수 270
안眼 198
안과 198
안면도 319
안주 260
암흑가 191
압권 243
야단법석 141
얌체 135
양洋 166
양궁 166
양말 166
양복 166
양행 166
어수문 295
어영부영 135
억장 186
억장지성 186
언론계 75
여리박빙 100
여의봉 62
여의주 62
역疫 51
역분식회계 332

역사 277
연륜 218
연산군 39
열반 224
열사 26
영겁 232
영락 94
영문학과 75
영수 267
영양사 31
영조 38
영추문 154
예체능계 75
오만상 306
오상 304
오죽헌 43
오징어 300
오행 304
온역 51
완벽 115
외가 158
외과 75
외국인 158
외부인 158
외유내강 157
외척 159
요리사 32
용비어천가 62
용상 62
용수철 63
용안 62
용어 62
우도 154
우라질 104
우려 52
우민 123
우수 52
우의정 154
우이녹경 199

우익 155
운전사 31
울릉도 318
원기 246
원단 286
원수 123
원양어선 79
원조 107
위패 227
유명 224
유산소운동 321
유선대 43
유세가 254
유언비어 256
유예 327
육시랄 104
은銀 173
은반 174
은장도 174
은하수 174
은행 174
을씨년스럽다 89
음관 277
음양론 154
음풍농월 253
응시 310
의사醫師 31
의사義士 27
의상 264
이耳 199
이력서 277
이립 219
이발사 32
이사 32
이순 199
이어도 320
이판사판 142
인구 126
인기 246

인력거 23
인문계 75
인사계 75
인상印象 144
인상人相 18
인연 144
인조 38
인척 159
인화문 296
일절 23
일체 23
임종 223
임진각 43
입入 183
입상 183
입양 183
입적 224

ㅈ
자긍심 248
자동차 22
자백 190
자승자박 250
자신감 248
자업자득 250
자운봉 46
자작문화 261
자전 27
자전거 22
자충수 270
자포자기 249
자화상 249
자화자찬 249
작설차 291
잠식 59
잡동사니 88
장長 176
장丈 186
장고 270

장광설 178
장난 134
장로 177
장발 177
장사진 177
장수 177
장아찌 283
장풍 193
장화 177
재齋 42
저격 60
저팔계 165
적멸 225
적자 191
전도사 31
전철 276
전하 294
절切 23
절체절명 92
정亭 43
정睛 199
정거장 23
정곡 310
정조 37
제이오 208
젠장맞을 104
젬병 88
조祖 37
조감도 18
조기 299
족足 194
졸卒 224
종宗 37
종심 221
종어 299
좌도 154
좌우 153
좌우명 114
좌의정 154

좌익 155
좌천 154
주마간산 17
주사 261
주선인 208
주시 17
주우 207
주인장 186
주전자 132
주제 237
주차 22
주책 96
죽서루 42
중문학과 75
중추 169
지교 207
지방 227
지사 28
지양 67
지중해 79
지천명 220
지학 219
지향 67
진두지휘 123
진산 312
진상 149
질疾 50
질곡 101
질병 50
짐작 262
집행유예 327
집현전 294

초

차次 54
차車 22
차례 291
차선 22
차표 22

찰察 16
찰나 232
참작 261
창경궁 294
창덕궁 294
창피 215
채신 95
책문 242
척尺 185
천근 306
천리마 306
천리안 198
천신만고 306
천왕봉 46
천지 313
천차만별 306
천추 169
천충 59
첨瞻 18
첨성대 18
청백리 277
청안시 198
청첩장 213
청춘 169
청출어람 183
초상권 328
초혼 227
촉석루 42
촌寸 234
촌각 234
촌수 185
촌음 234
촌지 138
총무계 75
총무과 74
추상 170
추석 214
추파 169
추풍낙엽 170

추호 170
축의금 213
축하객 214
춘부장 186
춘추 168
출出 182
출가 182
출마 183
출사표 109
출세 182
출세간 182
출세본회 182
출입 182
출장입상 184
출판계 76
측간 98
치악산 46
친구 206
칠흑 191

ㅌ
타계 224
타산지석 209
타향천리 306
태백산맥 46
택일 213
토론 70
토의 71
통시 98

ㅍ
파란만장 186
파천황 108
판결사무관 32
판사 32
패착 270
평등 144
평론가 67
폐백실 215

포도청 252
포석 269
포의지사 265
폭식증 322
풍비박산 91
풍악산 313
풍월 252
풍장 225
피력 215
피로연장 215
피향정 43

ㅎ
하객 214
하직 224
학구일경 238
학구적 237
한라산 314
한의사 31
함흥차사 127
해海 78
해동 164
해양 78
해우소 99
해이 332
해협 80
헌軒 42
혈혈단신 93
협峽 80
형광등 131
호戶 55
호락호락 135
호연지기 245
호적 55
호흡기계 76
혼인 213
홍역 51
홍차 291
홍해 79

홍화문 295
화룡점정 199
화사첨족 194
화씨벽 115
화장 225
화장실 98
화촉 214
환갑 221
환자 52
황태 300
회回 54
회갑 221
회계사 31
회자 126
회충 128
회피 242
효시 106
훈수 271
휘하 152
흐지부지 87
흑黑 188
흑막 191
흑백 188
흑색선전 191
흑심 190
흑자 191
흑차 291
흑해 78
흥청망청 99
흥화문 296

도움받은 문헌 ───────────────

책을 쓰기까지 많은 저서의 도움을 받았다. 일일이 적기엔 그 양이 너무 많아 직접 도움받은 문헌 위주로 기록한다.

강현구 편저, 『한자를 알면 수능이 보인다』 국어편, 한문교육, 2002.

구미래, 『한국인의 상징 세계』, 교보문고, 1992.

국밥연구소, 『국어 어휘력이 밥이다』, 행복한나무, 2019.

권승호, 『최소한의 한자어휘』, 코리아닷컴, 2024.

김기빈, 『한국의 지명유래』, 지식산업사, 1990.

김언종, 『한자의 뿌리』 1·2, 문학동네, 2001.

김열규, 『한국의 문화 코드 열다섯 가지』, 마루, 1997.

김원중 편저, 『고사성어 백과사전』, 을유문화사, 2003.

김인호, 『조선어 어원 편람』, 박이정, 2001.

김재일, 『우리의 고궁』, 한림미디어, 1997.

김종대, 『우리 문화의 상징 세계』, 다른세상, 2001.

박숙희, 『뜻도 모르고 자주 쓰는 우리말 500가지』, 서운관, 1994.

안대회, 『7일간의 한자 여행』, 한겨레신문사, 1999.

이규갑, 『한자가 궁금하다』, 학민사, 2000.

이규태, 『한국인의 생활문화』, 신원문화사, 2000.

이명학, 『어른이 되어 처음 만나는 한자』, 김영사, 2020.

이사무엘, 『한자어 이것만 알면 쏙쏙』, 이비락, 2023.

이진오, 『한자 속에 담긴 우리 문화 이야기』, 청아출판사, 1999.

임자헌, 『하루 한문 공부』, 유유, 2023.

전광진, 『우리말 한자어 속뜻 사전』, 속뜻사전교육출판사, 2021.

전재경, 『복수와 형벌의 사회사』, 웅진출판, 1996.

정민·박수밀, 『한문의 이해』, 한양대학교출판부, 2002.

정민 외, 『살아있는 한자 교과서』 1·2, 휴머니스트, 2011.

정석원, 『문화가 흐르는 한자』, 동아일보사, 2001.

주강현, 『우리 문화의 수수께끼』, 한겨레신문사, 1996.

하영삼, 『문화로 읽는 한자』, 동방미디어, 1997.

허균, 『고궁 산책』, 교보문고, 1997.

한자의 쓸모

© 박수밀, 2024

1판 1쇄 발행 2024년 12월 10일
1판 2쇄 발행 2024년 12월 30일
지은이. 박수밀
펴낸이. 권은정
펴낸곳. 여름의서재
표지디자인. 섬세한곰
본문디자인. 눈씨
등록. 제02021-92호
주소. 서울시 은평구 서오릉로 267
전화번호. 0502-1936-5446
이메일. summerbooks_pub@naver.com
인스타그램. @summerbooks_pub
ISBN. 979-11-989848-1-4 03700
값. 20,000원

여름의서재는 마음돌봄을 위한 책을 만듭니다.
함께 아프고, 함께 공감하고, 함께 성장합니다.